急不得，慢不得

家庭教育典型案例实操手册

张文质——著

青岛出版集团 | 青岛出版社

图书在版编目（CIP）数据

急不得，慢不得 / 张文质著 . - 青岛：青岛出版社，2018.12

ISBN 978-7-5552-7698-2

Ⅰ. ①急… Ⅱ. ①张… Ⅲ. ①家庭教育—问题解答 Ⅳ. ① G78-44

中国版本图书馆 CIP 数据核字（2018）第 262326 号

书　　名　急不得，慢不得
　　　　　JIBUDE, MANBUDE

著　　者　张文质
出版发行　青岛出版社
社　　址　青岛市海尔路 182 号（266061）
本社网址　http://www.qdpub.com
责任编辑　赵慧慧
印　　刷　三河市紫恒印装有限公司
出版日期　2019 年 3 月第 1 版　2023年 12 月第 2 版第 3 次印刷
开　　本　32 开（889mm × 1194mm）
印　　张　7
字　　数　120 千字
书　　号　ISBN 978-7-5552-7698-2
定　　价　48.00 元

编校印装质量、盗版监督服务电话　4006532017　0532-68068050

代序

自十四年前成为母亲开始，我便深深地体会到：“做父母是一辈子的修炼”这句话真是一点都不假。成为母亲之前，我经常会被各种亲子间的天伦之乐所感动，并心生向往。然而，真正成为母亲后我才发现，在享受孩子成长喜悦的同时，还需要承担得起育儿的各种责任，化解得了层出不穷的育儿困惑。而我，似乎一直都在感受着这种责任之重，也一直被这种责任带来的困惑所缠绕。

女儿出生后，我们坚持一月一测量，生怕她体重、身高不达标。一岁半时，女儿要自己拿筷子吃饭，经常把饭撒一身，撒满地。两岁左右，女儿的秩序感越来越强，什么都得按着她的节奏走，只要有一点点不合拍，她就要哭闹很久，让人抓狂。终于要上幼儿园了，她竟然不敢跟老师打招呼，不敢举手回答问题！终于要上小学了，她竟然抗拒重复的作业抄写和练习，要给老师提建议！上小学四年级了，她竟然说不想去学校上学了！青春期到了，她在自己的房门上贴着“请勿打扰”…… 女儿的成长总是伴随着各种各样的问题，真是一波未平，一波又起，似乎永远都没有终结的那一天。身为母亲，我怎能不焦虑，怎能不担忧？

女儿用她的成长给我出了一道道难题，迫使我这个“小白妈妈”开始重新认识母亲这个角色，重新思考家庭教育的重要性，重新探寻家庭教育的奥秘。我也因此结识了一群关注家庭教育、坚持践行新教育理念的优秀父母。尤为幸运的是，我认识了著名的家庭教育专家张文质老师，并成为“张文质答父母问”的最大受益者。

作为提问者之一，我对其他父母急切地需要帮助的心情感同身受。大家都希望能从教育专家这里得到具体细致的、可操作的、立竿见影的良方或对策，这就很像西医的对症治疗。然而，我觉得张老师的答疑更像中医的望、闻、问、切。他会引导提问者从问题产生的源头寻找解决的方法。他会带领提问者从更长远、更宏大的生命成长视角去看待阶段性的育儿窘况。他在给提问者提出实操建议的同时，更强调“父母改变，孩子改变”，更强调要正面去理解、接纳、包容孩子各种情绪的合理性，更强调教育的底线和终极追求都在于对生命的呵护和滋养。

这种站得更高、看得更远的引领，经常会让我迅速地从当下育儿困惑的迷局中走出来。当我们一次次地自我溯源和反观，又一次次地看清路线、厘清目标时，眼前的迷雾自然就散开了，困惑也迎刃而解了，这正是张老师的答疑让我感触最深之处。他在无形中引领我们不知不觉地构建了一种强大、开放又灵动的思维方式，让我们迅速走出一叶障目的困境，并获得一种自行解决问题的思路和能力。我想，这就是张文质老师给各位提问者最大的启迪和帮助吧。

李晓霞（家长代表）

目录

学习篇

生活篇

性格篇

学习篇

问题 *1*

家长把孩子交给学校就可以了吗

教师问　我是一名教师，经常会碰到一些家长拜托老师多多管教孩子。一些家长觉得教育孩子就是学校的事情，他们根本意识不到家庭也应该承担教育孩子的责任。我们要怎么做才能去影响、改变这些家长的教育观念和意识呢？

江苏省　钟姗妮

文质说

现在，仍然有一些家长会跟老师说："老师，我的孩子就交给你了，该打的打，该骂的骂，你尽管教育吧。"说实话，作为老师，你不要太当真，父母怎么嘱托你都可以，但是，你不要把这个嘱托当成教育学生的理由。作为一名教师，你还是要按照师生关系来与学生交流，要有一个边界意识。当然，更重要的一点是，任何人都没有办法完全替代父母，父母要承担父母的责任，教师只能承担教师的责任。另外，老师也需要去引导学生的父母更好地做父母。

现在的父母大都受过最基本的教育，能够读懂一些家庭教育方面的书。比如我的《父母改变 孩子改变》《奶蜜盐》，以及已经出版的《新父母教程》，这些都算家教书，能让父母读得懂，也能让父母读得进去。教师引导学生父母多读一些家庭教育的书籍，这个工作是非常有必要的。每读一本书，父母多多少少就能明白一些道理。

有一位老师对我说，他的一个朋友把孩子送回了老家，请他父母抚养，但是读了《父母改变 孩子改变》后，就赶快把孩子接回来了。所以，我们要相信，人都有想使自己变得更好，能承担更多责任的意识。这个意识是人的天性的一部分，每个人都具有。因此，我们不能轻易丧失这种信心。

其实，每个人都有必要也都应该重新学习或者开始学习怎么做父母。所以，作为教师，尤其是班主任，你的引导和启迪非常重要。当然，作为班主任，你只有对孩子的成长有更多的关注，对生命成长的特性有更深的理解，才可以跟孩子的父母把道理讲得更细致一些，才能更多地帮助他们。

当然，教师也要非常有耐心。要知道很多的道理不是一下子就会被人接受的，这需要一个过程。重要的话要说三遍，一些道理要反复地说。同时，也需要一些学生家长的现身说法，这样能起到比较好的示范作用。还有一点，学生父母之间的协作也是非常重要的。对一个班级而言，它需要有一个由学生父母组成的团队，他们就是一个学习共同体，相互间有一种积极的影响。

学校更需要有一种家庭教育的意识，借助一些优秀学生的父母去影响并带动更多的父母，让更多的父母增强家庭教育的意识。虽然这个措施有时候不能马上见到成效，但它是有意义的。只要你坚持去做，就一定会有一些成效的。尤其是针对一些孩子身上存在的问题，老师要和这些孩子的父母直接交流和沟通。孩子是不一样的，不一样的孩子来自不同的家庭，不同的家庭又存在不同的问题。老师要能够针对不同的问题，给孩子的父母一些更专业、更具体、更可行的建议。

问题 2

孩子有厌学情绪，要如何引导

家长问　我的儿子读小学三年级。有一天他回来问我，读书有什么意义。我能感觉到他有些厌学了。作为妈妈，我要如何引导孩子呢？

湖南省　李亮娟

文质说

小学三年级的孩子就对读书的意义产生了怀疑，这确实应该引起父母的重视。我先不说这是一个很严重的问题。

父母首先要了解一下：孩子为什么会觉得读书没有意义，为什么会对读书的意义产生怀疑？有的孩子可能是因为学业负担太重了，他觉得太辛苦，逐渐厌烦读书。当然，有时候厌烦不仅是心理问题，也可能是身体产生了一种疲倦感。在这种疲倦感中，他对自己做的事会产生无意义感。对于孩子而言，在他还没有意识到时，这种无意义感就已经产生了。父母一方面要了解孩子是不是学业负担过重，学业负担过重必然会导致厌学心理；另一方面，读书这件事情之所以让孩子产生怀疑，也可能是因为读书本身是一件辛苦的事情。所以，父母要经常鼓励孩子，不要等到孩子厌倦的时候才鼓励，而是随时都要鼓励。父母要经常鼓励和安慰孩子，要经常帮助孩子调整心态，调节好休息时间和娱乐时间，让孩子始终保持积极向上的状态。

孩子对读书的意义产生怀疑，也可能跟家庭的氛围有一定的关系。比如父母都不读书，要求孩子很喜欢读书，这是非常困难的。或者在孩子读书的时候，父母总是忙着玩，忙着聊天，忙着说话，家庭里面完全没有读书的氛围，孩子自然会对读书的意义产生怀疑。

当然，从另外一个角度来看，孩子对读书产生怀疑是一件很自然的事情。人总是会对自己所做的事情“到底有没有意义”产生怀疑，这种疑问会伴随我们终生。其实，当孩子在怀疑读书是否有意义的时候，我们可以跟孩子探讨一下：如果不读书行不行，如果不学习行不行，如果我们完全处于一种无知无识的状态行不行？通过跟孩子这样讨论，父母会帮助孩子理解学习的意义，生活的意义，活着的意义，促进孩子思维能力的发展。

当孩子出现问题时，父母要试着去理解和接纳孩子心理发展的状况，千万不要采取过于简单、粗暴的方式来对待孩子。当然，父母也不要过于夸张地去应对孩子的质疑，好像孩子要出大问题了。其实儿童在生长发育的各个阶段都会出现新的问题。对于这些问题，我们首先要去了解产生问题的原因，要跟孩子有更多的互动交流，在交流的过程中寻找解决问题的方法。

当然，父母还需要跟孩子的老师有一些沟通，了解一下孩子在学校的学习状况，情绪状况，跟同学的交往状况。有时候也还有一种可能，孩子之所以问“读书有没有意义”，可能是因为其他的问题。也就是说，当孩子不能处理一个比较严重的问题时，他会找出其他理由，比如他对现在的学习和生活产生疑问。所以，父母跟老师之间保持必要的沟通是很有意义的，这样也让老师对孩子现有的状况有所了解。因为老师是孩子最重要的帮助者和促进者，所以，父母跟老师的协作能够帮助孩子尽快走出困境。

问题 3

孩子上课总是走神，怎么办

家长问　我的女儿读一年级，上课经常走神，喜欢看窗外，喜欢胡思乱想，经常跟不上老师讲课的节奏，成绩也不太好。我要怎么做才能改变她上课爱走神的习惯呢?

江西省　刘美英

文质说

这位妈妈说，她的孩子刚刚上一年级，在上课的时候特别容易走神。其实，为什么走神是很值得分析的，而且走神也可能有非常多的原因。比如，有时候我会问这样的问题：一个孩子特别不专注，是因为什么啊？在家庭里面，平时孩子做事专注吗？孩子做什么事情时特别不专注？什么情况下孩子特别容易不专注？这是父母要观察的。就像蒙特梭利所说的秩序感：孩子有时候不专注是因为在他更小的时候，也就是从婴儿期开始，他对自己喜欢的东西痴迷的时候，老是被不断地打乱秩序，他玩的东西被打乱，游戏的过程被打断。这些会影响孩子长大之后的内在的专注力，也就是会打破孩子的稳定感。

其实，这种专注力是人的一个天性，也就是说，人天生具备这种专注力。对于这种天生具备的东西，我们必须注意保护它，而不要轻易地打乱它。父母不要认为自己有权利这样做。当孩子做他所喜欢而父母不喜欢的事情时，父母不能去干预他。因为父母的这种干预会对孩子今后的学习产生不利的影响。

当然，有些孩子不够专注也可能是身体方面的原因，这种情况需要由医生来诊断。比如身体缺乏某些营养元素，也可能会影响孩子的专注力。我可能更关注的是：孩子天生的专注力是什么时候被打破或打乱的？比如孩子在家里吃饭，睡觉，活动，上厕所，等等，他是不是一个比较有规律的孩子，或者说是否具有规则意识，是否具有良好的习惯素养？如果孩子具备以上特点的话，那么这些孩子养成上课专心听讲的习惯应该不是一件困难的事情。

当然，我们有时候也会遇到这样一种情形：有些孩子看上去好像不太专注，听课的时候漫不经心，但其实他都已经听进去了，都理解了，都接纳了。这种看上去的不专注并不影响孩子学习的质量。这些孩子已经具备了较高的理解力或者较高的知识素养，只是这些孩子的学习方式跟别人不一样，表面上不够专注，我们对此不要过于在意。

另外一些孩子不专注可能跟课堂上的某些状况有关系。较小的孩子专注力持续的时间比较短，比如小学二年级的孩子，专注力可能只维持十分钟左右。所以，老师需要调整课堂的节奏。不管孩子专注力的问题出在哪里，我们都不能用一种简单的评价方式去批评孩子不够专注。

当然，如果是老师提醒你，说你的孩子不够专注，那你也可以跟老师讨论一下，孩子是在什么情况下不太专注，是否影响了学习成绩。有一些孩子确实不懂得什么是专注，适应学校课堂的学习也需要一个过程。家长和老师应该理解并及时帮助这类孩子。

另外，父母要有一个比较重要的意识，对孩子的秩序感和规则意识，要特别重视并及时给予鼓励和肯定。父母帮助孩子形成秩序感和规则意识，不仅有助于孩子的学习，还有助于孩子获得其他能力。所以，父母要有意识地去鼓励孩子、肯定孩子做得好的一切。而且，父母不要做笼统的评价，而是要做具体的肯定，什么事做得好，具体是怎么好，欣赏孩子什么。这种具体的鼓励和肯定就会起到正向的引导作用，有助于孩子的成长。

父母一旦发现了孩子的问题，就应该跟他交谈一下，看他是怎么理解的，看他有没有意识到自身的问题。这种交流方式是非常重要的。

通过跟老师沟通，父母可以对孩子的问题及时做一些诊断。另外，父母也可以寻求老师的帮助，让老师对孩子的问题及时做一些提醒和引导。比如，如果是因为两个孩子距离近，相互影响，那么，老师就要适当地调整一下座位。在课堂上，老师也要适当地、有意识地做一些提醒。这些都会帮助孩子纠正自身的问题。所以，遇到问题不要着急，不要简单地做评判，更不能用粗暴的方式来打击孩子，也许父母就能找到解决问题的方法。

问题 4

孩子做作业总是拖拖拉拉，怎么办

家长问 孩子从学校回来后，总是要先玩够了再做作业，而且还拖拖拉拉，一推再推。要如何帮助孩子养成按时完成作业的习惯呢？

河南省 李园园

文质说

有不少家长朋友说，孩子放学以后，回家做作业拖拖拉拉，要玩这个，要玩那个，总是不肯做作业，总是不能及时地、高效地、高质量地完成作业。

其实，家长不应该来问我这样的问题。对于这个问题，家长该问自己：为什么会让孩子这样呢？为什么会让孩子回家之后玩这个、玩那个？是自己接孩子回家的吗？是自己在管理孩子的作息，还是把孩子交给了老人，交给了电视，交给了游戏呢？

有一点很重要，就是让孩子形成一个规则意识，这个规则包括孩子回家后需要做什么。父母需要详细列出规则。先做最重要的事情，完成最重要的事情之后，再做次重要的事情，完成次重要的事情之后，孩子可以做他自己喜欢的事情。

我在我的《奶蜜盐》和《父母改变 孩子改变》两本书中都特别强调：父母跟孩子不是朋友关系，父母跟孩子的关系是不对等的。父母要对孩子的成长承担重要的责任。对孩子的问题，父母需要有一种判断力，比如孩子还没有做作业，就要看电视，得不到许可后，就会哭闹。对此，父母怎么会没办法制止呢？有的父母可能会说："我们家三代同堂，爷爷奶奶总是袒护孩子。”这些父母需要开家庭会议讨论一下：在这个家庭里，到底谁来负责孩子的教育？如果没有达成教育孩子的共识，那么这个三代同堂就会成为家庭教育的祸根。虽然，三代同堂对孩子的教育可能是不利的，但是没有办法，家人必须生活在一起。那么，在三代同堂的家庭里，孩子的爷爷奶奶，或者外公外婆，或者其他人，他们应该承担什么责任呢？这个分工要非常明确，非常清楚。最重要的是，爷爷奶奶或者其他长辈尽量不干涉孩子的学业和作息，可以做一些家务。孩子需要父母来管教。如果父母不能做到这一点，孩子从一二年级开始就拖拖拉拉，那么这个孩子可能会变得越来越麻烦。

有时候有规律的生活是非常重要的。在一个家庭里面，有规律的生活就是一个最重要的法则，家人必须毫无条件地执行这样的家庭法则。孩子回家之后该做什么，怎么做，该由谁来指导，重要的事情要由谁来决断，这些都需要遵守家庭法则。如果没有这个法则，当孩子拖拉，做事漫不经心，不把学业当一回事，那么父母纠正孩子问题时就会遇到层层阻碍。总有一天，孩子会觉得父母没有尽到责任。所以，我觉得一些父母，真的需要反省，反省自己都为孩子做了什么。有些付出是真的非常必要的，是绝对不能把这种责任移交给他人的。

责任感和规则意识，都是孩子在成长过程中慢慢形成的。在这个过程里面，父母要及时地提醒孩子，并做出一些评判，有时候还需要建立规则。父母跟孩子不平等或者不对等的关系，恰恰就体现在这一点上。

父母是对孩子的成长负有重大责任的人。只要父母把这个责任尽到了，孩子就慢慢懂事了。这个懂事是指孩子明白自己该做什么，对自己的成长和自己的学业有更强的责任意识，更有上进心，也更自觉。所以，父母不能缺席孩子的成长，不能推卸教育孩子的责任，在孩子有问题的时候，要有勇气、有胆识、有智慧去帮助、提醒、管教孩子。我提出管教要从严的原则。这个管教，是指态度要温和，但是对于原则性的问题，父母要严格执行到位，不能轻易妥协。否则，孩子怎么能更好地成长呢？

问题 5

孩子因为不喜欢老师而不喜欢这门功课，怎么办

家长问 之前我女儿的学习状态还不错，但自从换了数学老师后，她就开始抵触数学了。她表现出不喜欢数学老师的情绪，觉得这个老师性格不好，总是很粗暴的样子。慢慢地，她对数学这门功课也不太喜欢了，上课不听讲，做数学作业能拖则拖，完全没有一点兴致。我很着急，不知道要如何引导她。

安徽省 刘郁芬

文质说

孩子因为不喜欢某个学科的老师，所以对该学科也不喜欢。面对此种情况，妈妈肯定很着急。

从孩子的情感角度来说，孩子的这种行为当然也有合理的地方。“亲其师，信其道”，孩子对学业的兴趣总是跟这个学科的老师紧密相关。当然，我们首先要来思考一下，孩子到底是为什么不喜欢这个老师。

在小学阶段，孩子不喜欢老师主要是跟老师对待孩子的态度有关。比如在短时间内，老师多次对孩子进行批评，孩子就会对老师产生不满的情绪。当这种不满的情绪累积到一定程度时，孩子就会对该学科失去兴趣。渐渐地，该学科的成绩就会下降，进而加剧孩子对老师的不满情绪，更加不喜欢该学科。

老师批评学生，往往并不是一种情绪性的行为。老师因为特别不喜欢某个学生而批评该学生的情况，其实是比较少见的。当然，有时候老师批评孩子过于简单了一些，或者过于直接，又或者孩子认为老师偏心，在处理一些问题的时候老师不够公正，这些都会影响孩子对老师的态度。遇到孩子不喜欢老师的情况，父母不要过于恐慌，不要过于抱怨，要先去了解一下事情的原委，看问题到底是出在哪里。不管是对于孩子，还是对于老师，父母都不能做过于简单的判断。因为如果是孩子的问题，父母把孩子训斥一顿，那么孩子对老师的态度可能会变得更糟糕；如果是老师的问题，父母在孩子面前抱怨老师，这也会加深孩子对老师的敌意。

父母要先多方面了解具体的情况，了解清楚之后，再跟老师好好地、比较诚恳地做一些交流。由于学生数量多，学生情况也比较复杂，因此老师在处理学生问题的时候，也有很多为难的地方。不管是出于什么样的原因，学生家长都应该积极、主动地去跟老师沟通，寻求老师的帮助和理解。

有时候我们夸奖一个人，并不是因为夸奖就一定能对那个人产生特别积极、特别重大的一种推动力，而是因为这种夸奖本身能营造一种更友善、更温馨的氛围，有利于我们与他人的沟通交流。所以，父母要理解老师的难处，适当地克制对老师的不满情绪。父母不要因为老师处理问题不妥当就对老师充满了怨言和敌视，否则父母和老师就很难交流了，对孩子也是比较不利的。

父母跟老师沟通协调好，并争取得到老师的帮助。如果由老师出面跟孩子主动做一些交流，孩子可能很容易受到老师的鼓舞。老师的鼓舞会对孩子产生一种比较积极的影响。

在小学教育阶段，师生关系会影响孩子的学业兴趣和学业信心，甚至会影响孩子的性格。所以，父母要有这种意识，只要主动地去做一件事情，就会有效果。父母不要怕遇到挫折，不要怕具体的困难。父母有了这种主动性以后，实际上也是为孩子做了一个比较好的示范。

对于孩子在成长过程中遇到的一些难题和麻烦，我们不要把它们看得太严重、太复杂、太艰难。当我们想着去改变的时候，改变就已经发生了。

从孩子的成长角度来说，父母需要开导孩子：学业是他自己的事情，不能因为任何人影响对某一学科的兴趣。学业是孩子自己的事情，学业不是老师的事情。当然，孩子也要学会处理跟老师的关系，学会更主动地跟老师交流。这样，孩子和老师的关系就会得到改善，提高学习的积极性。

问题 *6*

家长应该陪孩子做作业吗

家长问 我的孩子上一年级，有各种各样的作业。作为家长，我不知道应不应该陪着她做作业。如果要陪着她，要怎么陪才不会让她产生依赖？如果不陪着她，又担心她完成不好作业，很纠结。

山东省　王娟

文质说

孩子上一年级后，每天回来都要做一些家庭作业，有一些是书面作业，有一些是口头作业，比如英语的作业，还有一些手工作业。面对这些作业，孩子就会自然地要求爸爸妈妈来陪他一起做。这时，爸爸妈妈就会困惑了。到底要不要陪孩子做作业呢？陪孩子做作业有什么好处，又有什么坏处呢？整天这样陪孩子做作业，会不会让孩子形成依赖呢？特别是在陪的过程中，如果孩子一遇到不会的问题就要爸爸妈妈帮忙，就要爸爸妈妈协助，这不是变成爸爸妈妈的作业了吗？

学习本来是小朋友自己的事情，怎么能让爸爸妈妈介入其中呢？这是很多父母的困惑。当然，还有一些父母的困惑是："我如果陪着孩子做作业，我就没有自己的时间了。我很忙啊。为什么孩子做作业就需要我陪呢？我还有很多事情要做呢。"

我是这样看待这个问题的：孩子至少在小学三年级之前都需要父母陪伴着做作业。这个陪伴，首先需要父母在场。这个在场最重要的是父母在家的状态。孩子在做作业，父母需要在家。孩子需要有人关注他的学习，有人督促他的学习，有人在他学习有困难的时候给予直接的、具体的、到位的帮助。当然，更重要的一点是，孩子刚上学，有时候，他记不住要做什么作业，或者他只做了部分作业，有时候也不知道作业的规范。当然，在做作业这件事上，孩子还会有其他情况。当孩子遇到困难，也不知道向谁求助时，父母在场陪伴孩子就显得非常重要。

父母陪孩子做作业，能在家庭里为孩子营造学习的氛围。父母不能在孩子做作业的时候忙着玩乐，比如看电视。我把孩子做作业的时间叫作作业时间。在孩子刚开始接触作业的时候，父母应该陪在孩子身边，先不要想孩子会不会形成依赖。事实上，人的成长就是从依赖到逐渐减少依赖，再到不需要依赖他人的一个过程。所以，孩子需要父母，依赖父母，是一件很正常的事。孩子需要他人的帮助和督促，以及他人做出的一些评价，等等。

具体怎么陪孩子做作业，需要分情况对待。有些作业需要父母和孩子共同完成，有一些作业需要孩子独立完成。不管是共同完成还是独立完成，都需要父母的参与。因为即使是孩子自己独立完成的作业，父母也要检查一遍并对作业做一下评价。父母需要在孩子的起步阶段扶持他，具体地指导他，这对孩子来说非常重要。

父母不要老想着这本来是老师的事情，或者这本来是孩子的事情，不能用这样的态度来对待。孩子的成长就是父母的事情，就是家庭的事情，这种共同努力一定会有助于孩子的成长。特别是在一开始上学的时候，父母就让孩子形成良好的做作业的意识和学习的习惯，能够帮助孩子及时地、快速地完成作业，而且完成的作业质量高，学习的习惯也非常好，在学习的过程中更专注、更认真、更用心。因此，父母从一开始就帮孩子养成好的习惯对孩子今后的学习是非常有利的。

一些父母向我咨询：孩子放学回家后是先玩呢，还是先做作业呢？是先吃东西呢，还是先做作业呢？我说那首先要看一下具体的情况，比如孩子回来得早，那肯定先做作业；如果孩子到了吃饭的时间才回来，那肯定先吃饭。但是，玩肯定要放在完成作业之后。完成作业之后，才能安排具体的玩乐时间和游戏项目。父母在孩子刚刚上小学时就要特别用心，最好分工协作，并且落实到每一天，在陪伴孩子的这段时间里面要全神贯注地帮助孩子、鼓励孩子。

当然，话说回来，父母也要避免代替孩子完成作业。有的父母嫌孩子慢，嫌孩子写的作业质量差，所以，父母就着急，不断地批评孩子。这是很糟糕的做法，它会使得孩子在做作业的时候特别烦躁，特别不自信，最后就变成完全离不开父母的帮助了。这种消极的依赖是最可怕的。孩子完全丧失了独立思考、独立判断、独立决策的能力。这对孩子的成长是很不利的。学校也会强调：父母不应该代替孩子完成作业。

我不主张当孩子做作业的时候，妈妈就坐在孩子边上，眼睛紧紧盯着孩子的陪伴方式。作业还是应该先让孩子独立完成，再由父母检查和评价，而不是孩子每做一道题，父母就检查一道题。孩子在做作业的过程中即使出现差错，这个差错也是孩子成长的一部分。需要孩子独立去完成的作业就应该让他独立去完成。有差错不要紧，父母和孩子一起来订正，一起来探讨问题所在。

孩子这么小，才上一年级，专注力和学习力需要慢慢学习才能获得，而不是天生就具备。父母不要轻易地批评孩子不认真，也不要说孩子在做作业的时候不专注。因为所谓的认真和专注是通过学习获得的，是慢慢形成的一种素养。即使孩子有做得不到位的地方，父母也要用另外一种方式来评价他。比如，父母可以这样引导孩子思考："你能不能把问题想得更久一点啊？能不能想得更周到一些呢？你可以从不同的角度来想一想这个问题吗？"然后，父母再跟孩子一起来讨论问题。这种谈话方式有助于孩子认识到自身的问题。如果父母老是批评、指责孩子不认真、不专注，孩子反而会产生抵触心理。

我主张父母陪伴孩子，但是，陪伴孩子不只是坐在孩子身边，陪伴孩子也不是完全代替孩子，而是父母要能够在场，该参与的参与，对于该具体指导的，能指导得更到位一些。当然，还有更重要的一点是：父母要心平气和地与孩子相处，指导孩子的学习。

问题 7

开学第一天，父母应该跟孩子说些什么

家长问 新学期开始了，孩子还没有进入状态，慌慌张张地补做作业，也会有一些对新学期学习压力的担忧。我隐隐约约觉得这不应该是孩子进入新学期的状态。在开学第一天，作为父母，我该对孩子说些什么，做些什么呢？

广东省 尹红艳

文质说

孩子们马上就要开学了，我最想跟孩子们说什么呢？我记得两年前看过一幅漫画，漫画里面的一个父亲，催着他的孩子起床。结果孩子说，他就是不想去上学。没想到他的父亲说了一句：“你一定要去上学，因为你是一个老师。”

大家看了这幅漫画肯定会笑吧。其实不想上学的不仅是孩子，老师可能也不想上学。这幅漫画在教师圈里被疯狂转发，说明很多老师也会有同样的感受。特别是寒假假期短，一眨眼就要开学了。有不少的孩子还没转换过来，好像还没有玩够，开学的时间就到了。

马上就要开学了，父母要做好最重要的一项工作，就是鼓励孩子开心地去上学，鼓励孩子喜欢自己的学校，喜欢自己的老师，喜欢和同学们在一起，不要让孩子在上学之前患上“上学恐惧症”。这个“上学恐惧症”实际上是一个很严重也很普遍的问题。父母对学习成绩、学校纪律的各种评价等都会给孩子造成很大的精神压力。法国有一个很有名的哲学家叫德里达，他创造了一个词，叫“晕校现象”。据说他以前在巴黎读书的时候，学校里的竞争非常激烈，让他感觉极其压抑。只要他一去学校，精神状态就不好，好像有一种眩晕感。后来，甚至发展到只要在学校附近，他就会有晕校的现象。今天依然有不少人会有这种现象。所以，父母和老师，都需要去理解孩子在学习过程中感受到的各种各样的压力，鼓励孩子喜欢学校，喜欢学习，鼓励孩子在上学的第一天开开心心的。

我以前对自己的女儿，也总是想方设法地鼓励她，经常跟她一起描述自己的生活。当然，我们不仅仅是描述学校的生活，更重要的是描述身体的成长，精神的成长，学业的成长，知识的成长，经验的成长，同学之间友情的成长。这些成长既是自然而然的事情，也是跟学校密切相关的事情。以这样一种方式跟孩子交流，会促进孩子理解自己的成长，理解自己的生活，这些是他生命中的必经之路。通过学业，通过跟同学的交往，通过更多的亲身经历，孩子才会一步一步地成长起来。孩子要上学了，我们作为父母，要鼓励孩子开心地去上学，鼓励孩子热爱自己的学校，鼓励孩子去体验自己的美好生活。

另外，我觉得学校本身也要有吸引力，要有一种氛围，让孩子感觉到学校是温暖的、热情的、有趣的，它在敞开怀抱迎接孩子的到来。实际上，从家庭到学校都需要有这样一种新的意识，学业成长既是一个过程，也是对孩子的一种考验。在新学期开始的时候，学校会举行一些庆祝活动，比如开学仪式，使得这一天变成喜庆的一天、欢乐的一天，变成孩子们都非常期待的一天。通过学校和家庭的共同努力，我相信就不会再有孩子会发生这种“晕校”的现象。

问题 8

老师不喜欢我的孩子，怎么办

家长问 我的女儿四岁了，刚上了一个学期的幼儿园。女儿性格外向，活泼好动，胆子大，在幼儿园经常因为坐不住或很难达到老师的要求而挨批评。老师很明显地不喜欢我女儿，甚至也不爱搭理我。我该怎么办？

浙江省 杨赛月

文质说

这是一个年轻妈妈问的问题。小朋友才四岁，刚刚上了一个学期的幼儿园，性格很活泼、开朗，胆子也很大，但是，经常坐不住，也经常达不到老师的要求。老师似乎不太喜欢这个孩子，而且对孩子的妈妈也有点不太喜欢。

首先，把孩子送到幼儿园，每个妈妈都有各种各样的忐忑。担心孩子不能够适应幼儿园的学习环境，紧接着，又会担心老师不喜欢孩子，小伙伴不喜欢孩子。老师要是不喜欢孩子的话，父母怎么办呢？这就是那个妈妈问的问题。

按照那个妈妈的说法，小朋友没有别的问题，主要就是坐不住，或者达不到老师的要求，老师不太喜欢她。其实孩子上幼儿园都有一个适应的过程，这个适应过程的长短因人而异。有些孩子适应的时间会比较长。老师是不是因此就不喜欢这个小朋友呢？我不知道这位妈妈是听孩子说的，还是真的感觉到老师不喜欢自己的孩子，甚至老师因为孩子连带着也不喜欢这个妈妈。这其中会不会有一些比较敏感的成分呢？

孩子上幼儿园后，妈妈也要学会某种精神上的断奶，也就是说，要放手让孩子逐渐适应幼儿园的学习、生活。当然，妈妈也要适应自己不能一下子就被老师所接纳的现状。当孩子得到的小红花特别少，被表扬得特别少时，孩子就会回来告诉妈妈。这个时候才是妈妈教育孩子的关键时间点。

妈妈每天接到孩子，要多问孩子："今天你在幼儿园开心吗？今天你学到了什么呢？今天有什么进步呢？跟小朋友一起玩了什么游戏呢？老师又教了你什么呢？老师是怎么表扬小朋友们的呢？"也就是说，妈妈一方面要主动跟孩子交流，另一方面则要充分地肯定自己的孩子。而不要每天一接到孩子就问："今天老师表扬你了吗？噢，没有表扬。那表扬其他孩子了吗？噢，都表扬了。"这样做，只会让孩子觉得自己是一个不被老师喜欢的小朋友。

实际上，不管孩子在幼儿园发生了什么事，我们都要相信，老师是不会对某些孩子特别有偏见，另眼相待，特别冷漠的。我们要有一个积极正向的思维，鼓励孩子适应幼儿园生活，鼓励孩子学会成长，鼓励孩子更喜欢老师，更喜欢成长的环境。

所以，每个妈妈都要学会跟孩子交流，这种交流要能促进孩子的成长，要让孩子更开心，要让孩子知道自己应该怎么做，要让孩子知道自己怎么做才能更符合老师的相关要求。妈妈通过这种形式的交流，一步一步地引导孩子成长。

当然，这位妈妈说的也可能是某种真实的情况。我觉得这位妈妈要跟老师多多交流，而这种交流不是针对孩子不受老师待见这件事情。否则，按照现在年轻人的说法这就是"尬聊"，妈妈和老师就会聊不起来。妈妈可以跟老师分享一下：孩子是多么高兴上幼儿园，有多么喜欢学校、喜欢老师。孩子在性格方面有哪些优点，又有一些什么样的习惯。孩子的性格比较活泼，有时候会坐不住，但是实际上孩子已经在成长了，每个孩子都有不一样的地方，等等。所以，要请老师多多谅解、多多包涵。

跟老师保持这种积极的互动是非常重要的，不仅在幼儿园是这样，在小学也是这样。在孩子整个的成长过程中，父母要跟老师、跟学校保持积极的互动，这种状态对孩子的成长是非常有利的。

当然，也有一些孩子确实特别调皮，他适应学校环境的过程会长一些，会有起伏，容易折腾。妈妈这样跟老师交流完以后，老师应该更能理解孩子吧。

有时候，我们也会鼓励老师做得更好一点。其实，所有人的成长都需要这种积极的互动，你理解我的工作，我会更容易包容你孩子的某些不足。你鼓励我，肯定我，我在跟孩子的成长互动里肯定会努力做得更好，这些是人之常情，事之常理。所以，妈妈要积极地去跟老师互动，积极地肯定、支持老师的工作。在营造了良好的交流氛围以后，妈妈再跟老师提一些建议，比如告诉老师，孩子很在意老师的鼓励和表扬，很在意老师是不是注意到他了，在意老师是不是对他微笑了，在意老师是不是给他小红花了，在孩子心目中老师是多么重要，等等。

这些话虽然是常识，但妈妈说出来跟没说出来的效果是不一样的。妈妈要用更积极、更乐观、更友好的方式去跟老师交往。我相信，在这种相互支持、相互配合的情况下，孩子无论是在幼儿园还是在家里都会成长得更好。

当然，对于孩子做得不到位的方面，妈妈也需要用一种鼓励和表扬的方式去促进他，而不要用一种打击、批评的方式，否则很可能会适得其反。

问题 9

老师不愿意跟家长沟通，怎么办

家长问 张文质老师在“答读者问”中说到，家长在跟老师沟通时要积极、主动，有建设性。然而，我遇到的问题是，孩子的老师根本就不与我沟通，老师不接电话，不回微信。想去学校拜访，也被老师谢绝，让我觉得跟老师的沟通根本就无从谈起。面对这种情况，我该怎么办呢？

辽宁省 康中华

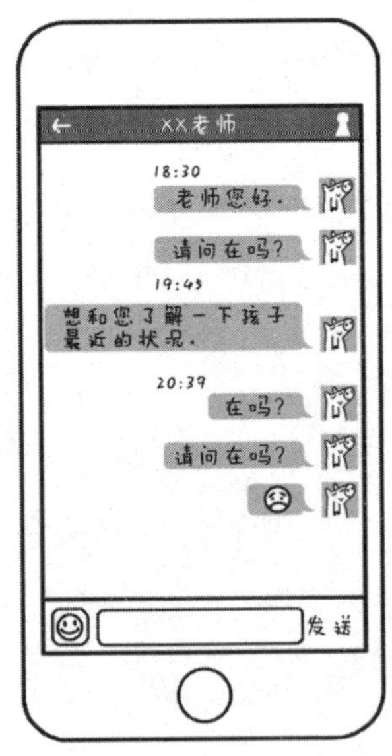

文质说

有一个妈妈，在听了我们讨论的“家长跟学校老师的沟通问题”后来信说，她遇到的情况是跟老师沟通特别困难。老师不接电话，不回微信。妈妈想去学校拜访，也被老师谢绝，她对此束手无策，问我该怎么办。其实，我也不时会碰到类似的问题。

我们可以把家校之间，特别是把家长跟老师沟通困难分一下类。比如当老师说这阵子特别忙时，家长因为对学校的日常作息不太了解，可能会认为老师忙是一种托词。

但我是经常深入到学校去听课的人，知道有些忙是真实的忙。比如，要应付各种检查，要开展大规模的活动，要准备上课，有时要上公开课，或上某一些评奖的课，这些真的都是头等大事，怠慢不得，需要老师全力以赴。有些老师还会因此吃不好饭，睡不好觉，人顿时就憔悴下来，这种情况是非常多见的。

遇到这种情况，老师确实有些困难。此时家长要理解老师。如果不是特别紧急的事情，家长可以再跟老师协商，另约时间。

当然，也可能有另外一种情况，老师确实现在不忙，但好像也不太愿意跟家长沟通。

面对这种情况，家长也要反省一下，到底是什么原因让老师不愿意沟通。家长要先从自身反省一下这个问题。

一个班级，少则三四十个孩子，多则五六十个孩子，有的班级甚至七八十个孩子。我还碰到一些由九十多个孩子组成的班级。

学生的父母肯定会因为各种各样的问题找老师，所以，有些老师会不胜其烦。对于这一点，我相信大家也都可以理解。

因为作为教师，他的工作核心是在课堂上，是在跟孩子的学习互动上，以及对孩子的管教上，所以课间，放学之后，是属于老师的休息时间。如果家长经常问这样或那样的问题，一些老师难免会有一些情绪，这也是可以理解的。

但我想，有时候家长可以换一种方式，或者需要思考一下，将孩子的问题分成轻重缓急，分成大中小。对于一些真的需要老师，也只有老师能够解决的，又是特别重大的事情，家长可以用电子邮件、微信等方式，以文字的形式提出来，请求老师给予关注、帮助，或者跟老师协商具体的见面时间。

有时候家长跟老师对一件事情的评判是不一样的。当孩子刚刚上幼儿园或刚上小学时，家长会觉得孩子在成长过程中的所有问题都是大事情。但是，从老师的角度来看，这个事情可能没有那么严重，没有那么厉害。老师可能会觉得家长有时候夸大其词，过于敏感，过于脆弱，等等。

其实，跟老师协商、讨论的过程，也让父母重新审视该如何对待孩子在成长过程中出现的问题，以及要用什么样的方式来处理才是妥当的。

我还有一个体会，也可以说是一个建议，就是孩子的父母要有一种主动性。

比如父母对老师的一些具体的要求，老师不是那么乐意接受。父母不要把这些事情看大了，可以把它们看成某种常态，也就是某种自然的状态，不要夸大老师情绪背后的原因。

我觉得家长的理解和包容是很重要的。那么，在这个基础上，有时候遇到一些挫折，不要紧，可以看得淡一些，父母依然要比较热情地对待孩子的老师。对于老师处理某些问题的方式，家长也需要有一种包容的心态，这种包容的心态对于孩子的成长来说也是非常有利的。

当然，有时候父母也要冷静地思考一下孩子的一些问题。只要父母自己能够解决一些问题，就尽量自己解决，尽量不麻烦老师。

对于一些自己解决不了的问题，父母也可以请朋友、专家，或者从书本上寻找一些理论的依据和方法。

有时候，就像那位朋友所说的，老师特别消极，就是不愿意跟家长见面，不愿意回应，甚至不知道是什么原因。这种情况是最让人头痛的。

因为其他的家长也遇到同样的问题，不是只有那位家长一人，所以，家长们只有另外建一个群，讨论这个老师到底是怎么回事，到底该怎么办。

我觉得家长们另外建一个群，一起协商解决问题的方式还是挺积极的，不是情绪化地去评判谁，而是更理性一点地去讨论问题。

其实，在讨论的过程里面，家长们也就达成了某些共识，找到处理孩子问题的一些办法，因为讨论本身就是一种智慧、经验、方法的共享。

另外，有些问题可能比较严重，不是说仅仅在家长群里讨论一下就够了，可能还需要跟学校协商。

当然，家长与学校协商，不是指责老师，也不是投诉老师，不是吵吵嚷嚷，也不是责怪批评，更不是对学校充满敌意，甚至威胁学校。

就像一位校长所说的，他们学校的家长常用的方式，一是投诉，二是上街挂条幅，经常把班级的事情变成一个社会群体性事件，这就不是一种妥当的方式。在很多时候，很多事情都还没有严重到这种地步。

我们与学校协商，要通过一种建设性的、积极的方式，找出一种具体的沟通方法，看看到底发生了什么事，为什么会出现这种情形。我觉得，对于这种建设性的、协商的方式，学校也会更乐于接受。

当然，我思考的核心是：家长要找到一种方式，让班级环境和师生关系都能够有利于孩子更健康、更快乐的成长。

问题 *10*

孩子的学习靠兴趣就可以了吗

家长问 张文质老师说所有的学习都是艰辛的。我很困惑：这句话与培养孩子学习的兴趣会不会有冲突呢？如何把孩子的兴趣转化为长期学习的动力呢？

宁夏回族自治区　李芮丽

文质说

我们说兴趣是最好的老师，其实强调的是：兴趣本来就是儿童天性的一部分。所有的儿童都会受兴趣的牵引，在自己感兴趣的领域表现出强烈的热情、专注力与好奇心。

兴趣会引导儿童发展自己的优势，突显自己个人独特的专长。当然，兴趣也是儿童内在性的一种表现。每个儿童的兴趣点都是各不相同的，都有自己鲜明的特征。

这种鲜明的特征，一方面可能来自父母的遗传，另一方面来自儿童身上与生俱来的某些独特性。同时，兴趣往往会贯穿人的一生，变成人身上最大的优势。但是，对任何一个儿童来说，兴趣都具有一种自发自为的特点，是需要被鼓励、被发现的。

在教育和引导儿童的过程中，有一种方法特别重要，那就是教师和父母对儿童的鼓励要采取比较夸张的方式。欧洲有一个著名的学者，叫本雅明，他说夸张的鼓励几乎就是儿童教育里面最重要的一种手段。因为，只有这种夸张的鼓励方式才能引起儿童的注意，才能对儿童起作用。

当然，这种鼓励的方式，也是为了保持和发展儿童的兴趣，把兴趣变成儿童的一种优势。但是，一方面，儿童在某个领域会表现出一种巨大的兴趣特征，并且会持续发展这种兴趣；另一方面，这个兴趣的指向，有时候也不是一个非常明确的方向。

实际上，兴趣的形成会是一个不断变化、调整和丰富的过程。所以，父母要尊重儿童这种内在能力和内在秩序的发展，不要轻易地打乱他，扰乱他，否定他，也不应该漠视他的兴趣，或者对他与众不同的能力，用一种很功利的方式加以否定，这些都会使儿童有很深的受挫感，使他产生一种茫然的情绪。

实际上，每个人身上的优势都是上天为他特别开的一扇窗。如果这个特别的窗口被关上了，这个生命很可能就会暗淡无光，显得孤立无助，茫然无措。

所以，在孩子早期的成长过程中，有两种情况，一种是孩子表现出来的某种倾向没有得到父母重视；另外一种就是没有让孩子有更多去尝试、去体验、去发展自己的机会。

父母应该为孩子提供更多、更全面的学习机会，让孩子发现自己的兴趣所在。从人的自然成长阶段而言，早期的、最核心的学习都是游戏体验式的，都是跟身体有关的行为，比如去动手，去观察，去倾听，去奔跑，等等。

这种身体的学习会让儿童自然地表现出自己的兴趣所在，而这种兴趣又逐渐会形成儿童与众不同的优势。

但是，任何能力的发展都需要一个不断再学习、不断训练和不断提高的过程。兴趣既是最好的老师，又不能完全以兴趣为导向，仅仅停留在表现出强烈情感的领域。对一个儿童而言，这种学习又必须伴随艰辛、重复、枯燥、劳累等。

在孩子的成长过程中，从游戏到专项知识的具体学习，需要一个不断转换的过程。

孩子早期的学习过程总是从慢到快，从少到多，从简单到复杂。

苏霍姆林斯基认为，只有学得少才有可能学得好，学得好才会让孩子保持强烈的自信和热情，这是学习的规律。学习强度的深化是跟孩子生命成长的特点联系在一起的，是跟身体的承受力关联在一起的。

孩子到了初中和高中之后，就要不断地强化承受各种学习压力的能力，包括承受挫折，承受艰辛，承受各种不如意。父母要继续鼓励、信赖、支持孩子，这一点极其重要。当然，孩子到了高中阶段，逐渐就会有自己的倾向，学业倾向或者学术倾向，关系着孩子未来的职业。到了大学阶段，我们就可以强调另外一种自我提升的方式，可以用一个词来概括，叫“刻意训练”。

任何一种优势，即使是由兴趣所激发出来的天性，它也是有时效性的，它需要刻意的、持续的、系统的、有目的的训练。当然，还需要健康强壮的身体支持。可以用一个词来表达，叫“竭尽全力”。每个人只要竭尽全力，都能改善自己，都能突破自己，都能使自己变得更强大。对于孩子的学习和发展而言，兴趣会引导他，就像一个火把一样被点燃。但是，要想持续地自我燃烧、自我壮大，仍然需要一个极为艰辛地、漫长地坚持自我训练和自我提升的过程。

问题 *11*

孩子迷恋电视不做作业，怎么办

家长问 我儿子读小学五年级，成绩中等。每天晚饭过后，他都会目不转睛地盯着电视，看得津津有味。无论我怎么好言劝说，他都装作没听见，一动不动。提醒几次没效果，我就气冲冲地把电视关了。可是，他还是不理会，起身，再次把电视机打开，自顾自地看起来。直到爸爸发脾气吼起来，他才十分沮丧地走到房间开始做作业。但是，就算坐在书桌前，他也是折腾来，折腾去，很磨蹭，还一会儿跑到客厅，一会儿跑到厨房喝水，就是静不下心。这该如何是好呢？

湖南省　肖灿

文质说

美国学者波兹曼有一个著名的观点：孩子过早看电视，会使他的童年消失。因为所有的电视节目都是由成人加工好的。在这些直观的、设定好的电视画面前，孩子不需要自己动脑筋去探索，他们知道，只要等上几分钟，电视就会告诉他们答案。

有几种情况可能导致孩子“赖”上电视。一种是父母喜欢看电视。在孩子还小的时候，父母会让孩子坐在自己身边一起看电视。孩子很早就受到电视画面、声音、情节的刺激，自然就会形成对电视的好奇和喜爱，甚至依赖。还有一种情况是父母工作比较忙，或者是回到家，要干很多家务。在这个时候，如果孩子在身边吵闹，父母往往会主动地让孩子去看电视。我把这种情况称为“请了一个电视保姆”。最糟糕的一种情况是父母完全不关注孩子，他们甚至都不知道孩子喜欢看电视。

“赖”上电视的孩子，往往会出现各种行为习惯问题，比如懒惰、磨蹭、不守信、缺乏责任心等等。但这并不是说孩子就一定不能看电视。

我从美国总统奥巴马那里得到一个启示——一定要限制孩子看电视。虽然身为总统，但是奥巴马从来没有忽视过对女儿们的教育，在看电视和用电脑的问题上，奥巴马的要求甚至有点严苛。他平时不允许女儿看电视、玩电脑，只有在周末某一个固定的时段才可以，因为那个时段有某个比较好的节目，奥巴马才允许女儿打开电视机。在学习上，除非一定要用上电脑，一般情况下他也是不允许孩子上网的。

适当延迟孩子看电视的年龄，限制孩子看电视的内容与时间，对孩子的成长是有利的。

很多家长都像这位提问的妈妈一样，更倾向于关注、担心孩子的学习问题。但我们更应该思考：是什么导致孩子形成了这种不良的学习习惯？我觉得看电视的问题可能是比“磨蹭”更重要、更亟须解决的问题。

如何让孩子摆脱对电视的依恋呢？

我觉得父母首先要做的是明确地跟孩子约法三章，严格限制孩子看电视的时间。也许孩子会因此大吵大闹，这不要紧，父母不能怕孩子生气。五年级的孩子，已经有了一定的理解能力，只要父母耐心讲道理，孩子是能够理解这种限制的。一旦把规矩定下来之后，父母和孩子就要严格执行。

与此同时，父母要以身作则，在孩子做作业、学习的时候，父母自己不能看电视。父母最好也养成阅读和学习的习惯，让孩子学习的时间成为整个家庭学习的时间。孩子做完作业后，父母可以陪他聊天、散步、玩游戏，要努力让孩子的生活变得更加丰富、多元。因为孩子的活动空间越小，生活越单调，对电视的依赖性就越强。

问题 *12*

要不要为孩子争取担任班干部

家长问 我儿子读小学一年级，上个学期他被老师任命为班长。但这个学期因为班干部改选，儿子落选了。他的情绪非常低落，甚至有时连作业都不愿意做。对于这个问题，我一方面觉得当班干部可以提升孩子的能力，增强他的自信心；另一方面也担心这次落选会对他的成长造成负面影响。所以，我很纠结。我到底要怎么做才好呢？要不要为孩子向老师争取担任班干部？

浙江省　凌利

文质说

这个问题的核心是父母怎么去对待自己孩子班干部落选的事实。

父母应当意识到：孩子担任班干部，或者落选班干部，都是正常学校生活的一部分。大多数小学生之所以愿意当班干部，是因为被选为班干部意味着受到老师和同学的重视、欣赏，这是一件很光彩的事。用通俗的话来讲，担任班干部，意味着这个孩子是群体中的一个头领。当头领的欲望是人的一种基本欲望。你只要稍做观察就会发现，不管在什么活动空间，只要几个孩子在一起，就会自然而然地产生一个“我说了算”的头领。

所以，对于一个已经当过半年班干部的孩子来说，在重新选举时落选，这种“得而复失”的失落感是一种人之常情，也是成长的一部分。这种失落可能会给孩子带来一段时间的痛苦体验。但由于孩子心中所想与父母的想法是不一样的，父母千万不要替代孩子去解决这个令他感到痛苦的问题，绝对不能用成人化的方式来介入这件事情，比如，给老师送礼，给学校施加压力，或者在孩子面前批评指责老师。这些方式也许能够平复孩子难过的心情，但从长远来看，对孩子的成长是极为不利的。

实际上，这种“立即补偿”的心理是很不健康的，但这恰恰也是我们家庭教育中的一个大问题。孩子一旦遇到某种挫折、伤害，父母就心疼得不行，总想马上补偿他，生怕他吃一点苦，留一点泪，吃一点亏。其实，这种“成长中的痛楚”本身就是要孩子自己去消化——对于孩子能够消化的，就让他自己去消化；对于不能完全消化的，也要等他消化到一定程度的时候，父母再介入，再开导。

具体来讲，父母该如何应对这类事情呢？

首先要做的是安慰孩子，因为孩子内心的失落是真实的。同时，父母还应当跟孩子说：“落选本身也是同学对你过去半年所作所为的一个评价，说明你还有做得不够好的地方，还有需要改进的地方。”

其次，父母也可以告诉孩子，担任班干部确实能得到锻炼，提升他在班上的威信，对他的成长有利。但能力的获得、威信的建立，并不一定只能靠担任班干部才能做到。父母更应该引导孩子在日常生活中发展这些能力，要让孩子意识到，即使自己不是班干部，也可以为班级服务，也可以通过自己良好的表现成为班级的精神领袖。

对于这类问题，如果家长应对得好，一方面能让孩子形成良好的价值观，另一方面也能促进孩子的社会化。因为孩子长大后，终归要离开学校，到社会中去跟各式各样的人打交道。这样的成长经历中蕴含着一个道理：进入社会后，你可能没有任何外在的身份、符号。最重要的是，你要通过自己的言行让更多的人接纳你，欣赏你，关注你。

总而言之，只要孩子遭遇的事情没有危及生命安全，父母就没有必要第一时间去干预。对孩子的成长过激、过快的干预，只会适得其反。父母终究无法代替孩子成长。

问题 *13*

孩子考试成绩好，要不要奖励

家长问 我孩子现在读三年级，他经常给我提要求，说考试考了多少分就要我奖励玩具。这种奖励方式合适吗？

甘肃省 丁雪梅

文质说

首先，希望得到奖励是人天性的一部分。但是，家长不能轻易地给这个奖励，也不能说学业达标了就给予奖励。父母要让孩子明白，学业对于他来说，是应该承担的责任。而不是说只要孩子完成了学习任务，父母就需要给孩子奖励。

实际上，对孩子而言，他需要有这个预期。不然，如果由孩子根据每件事情的完成程度来提出相应的奖励，他就很容易被各种各样的奖励所牵制、所左右。奖励得多，他就投入得多，奖励得少，他就投入得少，没有奖励他就特别沮丧，也就很容易产生各种各样的负面情绪。就像我们不用“你很聪明”来表扬一个孩子，而是用“你很勤奋，你很用功”，因为聪明可能是天生的，而勤奋和用功是可以在后天获得的。

其次，我觉得所有的奖励都应由父母来主导。父母来主导的意思并不是指孩子的行为都由父母来主导，而是如果要奖励孩子的话，这个奖励的方式和规则要由父母来主导。也就是说，父母可以通过一种适当的奖励方式来引导孩子的行为。

因为孩子更容易受到各种各样的诱惑，所以，父母要跟孩子协商，达成一个目标，然后根据这个目标，适当地给予孩子一定的奖励。

最后，对于一个人的成长来说，获得自我的奖励才是最重要的。这个自我的奖励一方面是精神上的，自我的付出获得成功，是一种精神上的褒奖；另一方面，通过自身的努力获得各种各样的奖赏，这是一种更高的奖赏。也就是说，孩子通过自身的努力和拼搏，最后获得奖赏，这对孩子来说具有更大的促进作用。父母要引导孩子从家庭认可发展到社会认可。

当然，除了外在的奖赏以外，更重要的奖赏是内在的，就是内在的一种转化。人最终不是为了奖赏而活着，而是为了实现自己的人生意义而活着。对自己的生命要有更强大的信念与责任感，能够发展出一种内在的专注力，竭尽全力去发展自己的信念，这对任何一个孩子或家庭而言，都是应该努力达成的一个目标。

问题 *14*

家庭教育和学校教育的理念相冲突时，怎么办

家长问　我的孩子现在读小学三年级。从入学开始，我就感觉我们的家庭教育理念和学校教育的理念有很多不同之处。孩子越大，这种不同就越来越明显，甚至还有很多相冲突的地方。可是，我又无力去改变学校和老师，又不能不让孩子上学。面对这种情况，到底要怎么处理才好呢？

山东省　郭坤

文质说

我认为，想要家校之间达成完全的、充分的同频同步是很困难的。那么，当这个家校之间不能达成共识的时候，父母怎么办？这是一个难题。我认为最重要的一个前提就是要把孩子的生命放在第一位，把生命安全放在第一位，把孩子的身心健康放在第一位。也就是从家长的角度来说，有时候学习成绩在孩子的健康、安全、快乐面前要有所让步！

我的想法是宁愿孩子不争第一，宁愿孩子的学习成绩不那么理想。当然，父母要做到这样其实是有困难的。但是，如果父母不这么做，有可能会危害孩子的生命安全跟身体健康。父母首先要调整自己的心态，不要动不动就跟别人家的孩子比，不要动不动就指责孩子学习成绩差！

从家庭教育的角度来说，父母要更多地呵护孩子，鼓励孩子，当孩子有具体需求时帮助孩子。不要把孩子的课余时间都花在补课上面，不要把跟孩子的话题讨论都集中在学业成绩上，对孩子的各种表现不要以消极批评为主。家庭能不能成为孩子的绿洲、成为保护伞？家庭能不能让孩子产生依恋？能不能让孩子继续保持对父母的信任？这些是父母要思考的问题。

另外，父母还需要思考：孩子有别的路可以走吗？有时候好像只有一条路可以走。但其实不是这样的。父母的财力，父母的能力，父母的思维习惯，都能影响孩子的未来。一方面，父母要从孩子一生的角度来看待他现在的表现。另一方面，父母要从发展的角度看待孩子现在的各种状况。父母要看孩子的身体是否健康，是否善于跟别人合作，是否乐观开朗，是否乐于助人，是否有担当。

如果父母只要孩子一门心思地把时间都花在学习上，一旦学习成绩不好，那么孩子的精神就可能会崩溃，他会非常沮丧。这是很可怕的事情。因为从未来发展的角度来说，这种性格或者说这一类的局限性，在孩子工作之后就会更加明显。

父母千万不要认为孩子考一个好成绩，上好的小学、中学，再上好的大学，然后找到好的工作，就是完美的人生。这个社会的逻辑跟人的逻辑都不是这样的，真实情况要复杂得多。所以父母要在更重要的方面对孩子进行一种正面的引导，家庭要成为绿洲，父母要成为依靠。父母要鼓励孩子形成这种心态：乐观地、积极地对待自己的学习、对待自己的生活、对待自己的生命。

父母需要思考：家庭能够帮助孩子做什么？父母能不能更积极地创造条件，让孩子能够多一条出路？我们有两句常说的话，它们是相互矛盾的。一句话是“千军万马过独木桥”，我们把学业、学校、高考、名校看成是孩子唯一的出路。而另外一句话是“条条道路通罗马”。从现在的时代来看，父母确实可以给孩子更多的选择，让孩子选择不同的道路，不同的人生方式，让孩子无论在什么时候，无论在什么处境，都能够充满自信、积极阳光。

不要把生命中的高光时刻都放在20岁之前，其实20岁之后的生命才是更重要的。20岁之前的人生需要天分和勤奋。20岁之后的人生，可能首要的是勤奋，是信念，是执着的人生目标。我认为人生的保障体系就是更健康的心态，更强壮的身体，能够为自己的奋斗目标竭尽全力，不屈不挠。

我并不是什么问题都能解决，也并不是什么问题都能讲得透彻。今天的父母思考的核心是"父母改变，孩子才能改变"。父母先从自身的改变开始，为孩子画好成长的起跑线，让孩子的未来有一个更灿烂、更广阔的前景。

生活篇

问题 *15*

在母亲缺席的单亲家庭，要怎样教育孩子

家长问 我是孩子的父亲，在孩子很小的时候，我和他母亲就离异了，孩子判给了我。我想请教一下张老师：在母亲缺席的单亲家庭里，要如何处理孩子的教育问题？

天津市　肖会欣

文质说

现在我要回答共读群里一位读者提出来的问题。这位读者可能是一位父亲。他问："在母亲缺席的单亲家庭里，要如何处理孩子的教育问题？"

首先，我们要知道，没有妈妈的陪伴对孩子来说是一件非常遗憾的事情。它会带来很多麻烦。我在各种家庭教育讲座中，一再强调母亲的重要性和母亲的特殊价值。母亲跟孩子的这种关系是任何人都无法替代的。

实际上，夫妻离婚之后，并不等于跟孩子断绝关系了，不等于夫妻的某一方就再也不用承担养育孩子的责任了。

如果孩子判给父亲，母亲也要有探望孩子、跟孩子共处的时间。

有时候，夫妻离婚后反目成仇，把孩子也牵扯进去了。离婚后有一些父亲或者母亲，只要孩子不跟他们生活在一起，就再也不想探望孩子。这对孩子来说是一件很糟糕的事情。

我们一定要秉持这样的立场：夫妻可能会因为各种矛盾离婚，但孩子是无辜的。失去抚养权的一方一定要努力争取跟孩子有更多的相处时间和探望的次数，并且从法律上来说也应该承担这样的责任。我不是一个法律专家，只能从情理上思考这个问题。更重要的是，当父亲或母亲跟孩子在一起的时候，尤其是母亲，要尽心尽力地去陪伴孩子，做好母亲应该要做好的工作，尽好母亲 应尽的责任。

我在深圳讲课的时候，有一位妈妈跟我谈了一个问题。她说离异后，她跟孩子经常会说到他的父亲，她不知道应该怎么跟孩子表达才比较好。当然，反过来，如果孩子跟父亲在一起，父亲也经常会说到孩子的母亲。夫妻双方离异后，一方在孩子面前谈到对方，要怎么表达才有利于孩子的成长呢?

我当时给这位母亲的建议就是:“不管出于什么原因，你跟你的先生离婚了。但是，在孩子的心目中，你的前夫始终都是他的父亲。所以，你一定要充分地考虑孩子的感受，一定要努力避免在孩子面前数落他的父亲。不管你的前夫曾经做了什么事，不管你的前夫对家庭负有什么样的责任，你都要尽力地去维护你的前夫在孩子心目中好父亲的形象。”这对于孩子跟父亲的和谐相处是有利的，同时，也有助于提高孩子对男性的认知水平，甚至还会影响孩子今后的婚恋观。当然，最核心的影响是孩子精神成长的某种平衡。反过来，这也是很多夫妻离婚之后会忽视的问题。

同样的，父亲也是如此。如果是父亲抚养孩子，父亲也要努力去维护母亲在孩子心目中的良好形象。即使孩子跟母亲相处时会有一些问题，父亲也要从事实本身去分析，不要太情绪化，或者带有偏见，不要用旧账、新账一起算的方式来跟孩子评判他的母亲。我觉得这是非常重要的一方面，是引领孩子认识父母的一个原则。

当然，这个读者提问的核心是：孩子只是跟父亲在一起，缺少母亲的陪伴，怎么办？其实，每个人的身上都具有父性和母性的两面。父亲也有很温暖、很慈爱的一面，父亲也有能够担当起母亲部分职责的能力。

所以，这位父亲首先要有这样的意识："作为一个父亲，我应该对孩子承担责任。"这个意识是一个前提。这个意识能生发出很多的工作和很多的责任。虽然孩子的成长会欠缺一些东西，但是这个缺口并没有那么大。无论是父亲还是母亲，都要承担起自己的责任。

当然，也要看孩子是男孩还是女孩。如果是一个男孩，他跟父亲相处可能会更顺利一些。父亲可以更多地发展孩子身上的男子气质、男子体格与男子精神。女孩也是同样如此。我也看到过这样一个女孩。父母离异后，女孩跟父亲生活，慢慢成长为一个非常善于跟父亲相处，甚至能够安慰、支持父亲的优秀女孩。

因为，对于一个孩子来说，核心的东西就是安全感。这个安全感，父亲或母亲都能让孩子获得。只要父母尽到这样的责任，就能对孩子的精神健康和精神发育奠定一个良好的基础。

实际上，夫妻离异之后，孩子的成长肯定会有失衡的一方面。但同时也意味着，父母在跟孩子相处的时候，父母的责任就变大了。在孩子成长的早期，也就是未成年阶段，父母真的应该以孩子的成长为中心，以陪伴孩子成长为主要的生活方式，尽可能多地顾及孩子的精神需求和日常的生活需求。对于原来由父母两个人共同承担的东西，现在单身的父亲必须独立地承担起来。

在这种情形下，父亲身上母性的一面会得到更好的发展。这种发展对一个父亲而言，未必就是一件坏事。我觉得当一个人充分地意识到自己责任的时候，所付出的一切才有利于自己精神的再发展。

当然，有时候单身的父亲可能会感受到生活的各种压力，感受到精神上的孤独与无助。我觉得可以根据孩子的发展状况，分阶段、分层次地跟孩子分享父亲的内心感受。这些分享能够促进孩子的成长。

其实，在生活中，人人都可能会遇到各种各样的难题。这些难题并非都是无解的，关键是要找对处理问题的方式。在此，我先要祝福这位提问题的父亲，祝福他能够把孩子带好，同时，也祝福他能够在孩子成长的过程中，体验到更多的为人父的快乐。

问题 *16*

当孩子提出不合理的要求时，家长怎么办

家长问 在一次讲座中，我听张文质老师说，对孩子要“满足在前，引导在后”。我很疑惑：当孩子提出不合理的要求时，家长应不应该满足他呢？要怎么引导孩子才比较好呢？

广东省 黄文英

文质说

有一位读者问：什么是“满足在前，引导在后”？当孩子提出很偏颇的要求时，我们是不是也要满足孩子？

其实，“满足在前，引导在后”首先谈论的是孩子在成长过程中的一个核心问题，也就是在孩子三岁之前，作为父母，尤其是母亲，要充分地满足孩子各种各样的需求，尤其是陪伴的需求，爱的需求，对食物的需求，以及各种游玩的需求。这些需求涉及孩子成长的方方面面。孩子在成长的早期阶段，需要父母的陪伴，身体、语言和情感都需要得到充分的满足。

孩子成长的中心首先不是在教育上，而是在教育之前，要在养育方面做足功夫。所谓做足了功夫，就是要使人性得到充分的满足，这是所有儿童在成长过程中的必经之路，没有人是例外的。

当然，对孩子而言，最糟糕的事情莫过于过早地跟母亲分离，不能生活在母亲身边。这种精神的撕裂感，是孩子一生的疼痛。然而很多父母会忽略孩子在成长早期的感受。这个成长早期也可以称为“黑暗时期”，它是指这个时期的孩子不能充分地表达情感，或者在孩子缺少这种爱时，父母也不能很明显地看出孩子所受到的伤害。在这种“无知无识”的时期，孩子其实最容易获得情感的满足。父母喂给孩子食物，关心孩子的冷暖，及时地带生病的孩子治疗，等等。但是，比这些更重要或者说同样重要的是母亲的陪伴，以及母亲所构建的，充满爱、安全、温馨的生长环境。所以，“满足在前”，特别强调的是这一点。

当孩子两岁之后，父母能够教孩子，或者引导孩子开始进入一种最初的学习状态。这个时候，母亲的那种耐心、细致、不厌其烦就变得非常重要。作为一个母亲，她要在孩子成长的过程中愿意不断地、充满期待地承担责任。这就可以称为“引导在后”。

“满足在前”，让孩子非常快乐，很有安全感，每天生活在温馨的环境里，为孩子建构生命成长的基础。“引导在后”，根据孩子在成长过程中出现的具体问题，表现出的天性，用适合的方式去帮助他。我相信，既满足孩子，又引导孩子，就会逐渐地显现出成效来。

在读这句话的时候，很多的读者可能会马上想到一个问题：孩子要是贪得无厌，或者索求无度呢？其实，很少有贪得无厌的孩子。父母要还原到具体的生活中去思考：孩子为什么会索求无度呢？

很多人喜欢在半夜里晒美食，不知道你们是不是也做过这种事情。我认为，半夜晒美食是跟早期的饥饿记忆有关系。我举这个例子，就是说孩子所谓的过度需求往往都跟匮乏有关，越是爱匮乏的孩子，越可能会贪得无厌。另外，这跟父母对孩子的引导也有关。对于父母来说，管教孩子是一件很重要的事。管教孩子表现为：当孩子有某一些错误倾向的时候，父母要用适当的方式调整孩子的注意力，有时候要给予一定的限制，或者需要有一些批评。

要解决那位读者提出的问题，父母先要去还原一下：对于孩子的一些不合理的需求，为什么会反应这么强烈？到底原因在哪里？原因找到了，所有的应对方法才是有意义的，才是有针对性的，才是能够见效的。

父母对孩子的教育要落实到细微之处。只有细致耐心地观察、思考、反思，才能够找到恰当的方法。这种引导的方法也就更趋于专业。我们的妈妈就会成为更有能力的妈妈，更有方法的妈妈，也就可能成为事半功倍的好妈妈。

问题 *17*

二孩家庭，妈妈要怎样做才能充分满足两个孩子的需求

家长问 我家有两个孩子，感觉很难同时满足两个孩子对妈妈的需求，总是陪了一个就没法陪伴另外一个。像我们这种二孩家庭，妈妈要怎样做才能充分地满足两个孩子的需求呢？

甘肃省　杨艳丽

文质说

有一位妈妈问：家里有两个孩子，要怎么陪伴？当然，这个问题叙述得不够具体。比如两个孩子之间年龄相差多大？都是男孩，或者都是女孩？或者是一个男孩和一个女孩？是女孩大呢，还是男孩大？这些问题的答案决定着父母在陪伴方式上的差异。我先按我的思路讲讲这个问题。

我讲一个真实的事例。我认识的一个朋友，她是双胞胎中的姐姐。她自己说，她跟妈妈的关系不是很好，妈妈在跟她相处的时候也特别容易生气。有时候，就算妈妈对她好，她也不领情。但是，她的妹妹跟妈妈的关系特别好，有时候就算妈妈对妹妹不太友好，妹妹也会原谅妈妈。所以，她很困惑，不太明白自己到底是怎么了，有时候甚至会怀疑自己的人品，觉得自己是一个比较糟糕的人。

后来，看了我的书，又在现场听了我的课，她说她有一种豁然开朗的感觉。她发现问题就出在早期亲子关系上。因为是双胞胎姐妹，妈妈带两个孩子会比较困难，所以就把她交给了外婆。每天早上妈妈送她过去，晚上再接她回来，而妹妹就跟妈妈在一起。

从妈妈的角度来说，妈妈当时一定觉得孩子这么小，这样做不会有什么问题。这又是一个在孩子的“黑暗时期”犯下的错误。父母以为小孩子是无知无识的，没有想到孩子长大了以后，这个错误会成为孩子的困惑。

实际上，在这种疏离里面，孩子一下子就感受到她是特殊的，她不是妈妈最爱的孩子。这种疏离本身就像一次次轻度地抛弃一样，对孩子造成了巨大的、内在性的伤害，也构成了她一生的困扰。她虽然明白了背后的原因，但是，那种与母亲的亲密感已经很难再建立起来了。这也是人性比较特殊的一个方面。

虽然她明白妈妈是爱她的，她也明白妈妈当时那样做是有原因的，甚至她也原谅了妈妈的某些做法，但是，她在内心里，仍然没有办法生出那种完全亲密无间的母子情。所以，想要避免这样的情况，母亲首先要给予两个孩子相同的陪伴方式，也叫无区别的对待方式。

我接触了很多这样的案例。当很多父母向我咨询这个问题的时候，我总是会问一个问题：“孩子是不是你带的？孩子是不是全程都跟你生活在一起？”我越来越多地看到，在现实生活中，由亲子分离造成的各种各样的麻烦。在我们的意识里，在我们的行为上，在我们的生活方式上，我们首先要尊重两个孩子各自的、最基本的需求，任何的一点偏颇和忽视都会给孩子的成长带来麻烦。

很多朋友也经常向我咨询：家里有两个孩子，一个大，一个小，相差好几岁，两个孩子经常表现出一种争夺母亲或者争夺家庭位置的行为。其实这是正常现象，它是人天性的一部分，是人的一种本能。几乎所有的兄弟姐妹之间都存在这种内在的竞争。这是生命的一种本能。而越是生命的本能，就越要考虑用一种公平的方式来对待孩子。父母的偏颇或者偏心，就会对两个孩子之间的情感关系造成一些伤害。

当然，孩子在成长的过程中，如果有这种困惑，觉得妈妈更爱他的弟弟，或者他的哥哥，他的姐姐，他的妹妹，妈妈最爱的人不是他，那么这就会有问题了。所以，母亲的爱要尽量公平，达到兼顾。有时候做到这一点需要技巧。这种技巧就是在跟一个孩子相处的时候，妈妈要表现出更多的亲密，而在跟另外一个孩子相处时，也同样需要表现出更多一点的亲密，使得两个孩子都能得到一种特殊的关照。

当然，有时候还需要协调和引导。比如在大的孩子面前强调他对弟弟妹妹的责任，在小的孩子面前强调对哥哥姐姐的尊敬。在具体的生活中还原这种长幼有序，就有了一定的价值。当然，还有另外一种情况，孩子们的年龄间隔比较小，两个孩子之间不能形成一种相互教育、相互促进的氛围。比如，两个孩子相差两三岁，都特别淘气，既喜欢在一起，又爱吵闹。从父母的角度来说，这也是有一定的挑战性的。在这种情况下，要怎么引导孩子成长呢？

我觉得，一方面，在孩子成长的过程中，这种爱的陪伴和良好的家庭氛围都是非常重要的；另一方面，父母对孩子适当严格要求也是非常重要的。比如，有一位母亲对我说，她的两个孩子喜欢一块做作业，但是又非常吵闹，做作业的效率很低。我就跟她强调，作业需要独立完成，适合独立思考，需要一个安静的环境，这个时候，要让两个孩子分开做作业。在吃饭的时候，两个孩子也特别淘气，吃饭的速度也很慢。母亲不能放任他们在饭桌上的行为，这也是母亲的责任。有时候，父母对孩子过度宽容，对孩子能力的获得和性格的养成都是不利的。所以爱应该是有度的。

如果把这个话题做一下归纳的话，一方面父母要顾及每个孩子的需求，既要充分地满足，又要公平；另一方面，父母还要有所兼顾，要根据孩子的具体情况采用不同的处理方式。真正的家庭教育的智慧，不是哪一本书，或者哪一个教育专家传授给父母的。但是，当父母获得了一个最基本的认知之后，父母的育儿智慧就能够慢慢地增长起来。所谓的育儿智慧，也可以称其为具体的实践能力。

问题 *18*

父亲不承担教育孩子的义务，怎么办

家长问　我的先生在孩子出生前后没有任何变化，在孩子出生之前是什么样，在孩子出生之后还是什么样。他觉得带孩子就是女人的事情，没有想过也不认为要去承担教育孩子的义务。遇到这样的情况，我该怎么办呢？

河北省　孙美霞

文质说

很多妻子抱怨丈夫不承担家庭责任。当然，核心的责任是对孩子的教育。她们为此感到很苦恼。我在各地讲课的时候也经常会被问到这个问题。我有时候会说，我希望再做家庭教育报告的时候，设一些父亲专场，专门让父亲们来听一听家庭教育的新思想。

记得有一次，我在长沙讲课的时候，发现来听课的人大部分是全职妈妈。全职妈妈的压力可能会更大一些，因为在这些家庭里面，她们要把孩子的所有事务都承担起来，包括教育孩子的责任。

但在大部分的家庭中，母亲也要上班，能顶半边天。母亲既要上班，又要完成家务，教育孩子，这个压力是特别大的。当然，我有时候会想：为什么父亲不愿意加入教育孩子的工作中呢？原因可能首先是一个习惯问题。中国的传统家庭模式是男主外，女主内，父亲在外面工作，家务事和教育孩子都是由母亲来承担。在我小的时候，家里的上一代人基本上都是这样生活的。

但是，现在的情况完全不同了。女性也同男性一样外出工作。在面对家庭分工时，夫妻双方要共同承担家庭责任。如果还是由母亲来承担教育孩子的工作，大部分的母亲会觉得精神压力特别大。这种压力会导致母亲在教育孩子的过程中很难做到心平气和。

夫妻协力对孩子的成长是极为重要的。这种协力首先包括夫妻要达成教育孩子的共识。而这个共识并不是很容易达成。夫妻之间要经常交流具体的问题和解决这个问题的对策，跟孩子分享生活观念，等等。有时候针对孩子的具体问题，还要进行沙盘推演，细致规划，教育孩子时不能过于随意，不能想说什么就说什么，想怎么说就怎么说。

其次，夫妻要有所分工。我记得我孩子小时候，从幼儿园到小学，接送孩子的工作都是由我来完成的，差不多接送了八年的时间。有了分工后，就有了明确的责任。这样，夫妻双方的心理都会比较平衡，也有助于夫妻之间形成一种正确的生活方式，加深夫妻感情。

再次，分工要有针对性。在教育孩子的时候，一些工作由母亲来完成比较好，一些工作由父亲来完成比较好。如果所有的问题都由妈妈来解决，从效果上来说也不是太好。日本的著名学者河合隼雄说，完全由母亲来承担教育孩子的责任，母亲就得像父亲一样来教育孩子，这对于母亲而言是一件麻烦的事情。母亲会因此易怒，情绪失控，烦躁，容易偏颇，对孩子的教育是不利的，对孩子的身心健康也是不利的。在孩子小的时候，母亲的角色会显得非常重要，她能帮助孩子建立一个更丰富、更完整的精神世界和情感世界。但随着孩子年龄的增长，父亲的角色变得越来越重要。父亲能够启迪孩子探索生命的意义，比如社会责任，勇气，担当，等等。父亲能对孩子造成直接的影响。

另外，我们也要思考：父亲为什么会缺席孩子的教育呢？缺席的理由是什么呢？在缺少父亲支撑的家庭里，孩子成长的完整性会有所欠缺。每个父亲都要去思考这个问题："我的缺席可能对整个家庭，对夫妻关系造成什么影响？我的缺席对孩子未来的成长意味着什么？我的缺席可能会对孩子（无论是男孩还是女孩）产生哪些负面的影响？"我们必须回到问题的核心上来，思考自己的责任，思考自己对孩子成长的意义。

问题 *19*

孩子痴迷玩手机，怎么办

家长问 我的儿子 14 岁了，非常痴迷玩手机，似乎无论做什么事都离不开手机。我要怎样做才能改变他的这个习惯，把他从手机的世界里拉回来呢？

山东省 王春然

文质说

孩子痴迷玩手机，痴迷玩游戏，这是很多家长都会碰到的问题。

有一次我去云南讲课，一个乡村小学的校长跟我说，他特别困惑。因为他发现孩子一上网（他们那边刚刚有了网络）就特别痴迷于那些暴力的、凶杀的以及色情的内容。他问我这是为什么。我说没有为什么，这就是人的天性，天性如此啊。当然，我不是说这些来自天性的行为就是健康的、合理的，就是不需要改善的。

那位校长接着问："要怎么才能抵御呢？"我说，处理这个问题，不是被动抵御或者消极限制，而是要思考：孩子是怎么上网的，是盲目上网的吗？是没经过学习就会上网的吗？是谁放任孩子上网的？这些都是值得思考的问题。想要处理这个问题，就要回到源头——孩子是怎么开始玩手机的。

为了让调皮捣蛋的孩子安静下来，一些父母就给孩子一个手机，让他玩游戏。现在的手机可都是智能手机，它几乎是无所不能的。孩子在实践动手的过程中，学习能力是非常强的。父母给孩子一个手机，就是交给了他整个世界，他很快就会找到自己喜欢的东西，很快就会陷入其中且无力自拔。

游戏的世界比课堂的学习、作业和阅读有趣得多。我们不能怪游戏世界的吸引力。课堂学习跟户外游戏相比，孩子肯定喜欢户外游戏，而户外游戏跟手机游戏相比，有的孩子可能会更喜欢手机游戏。父母要思考：在陪伴孩子时，自己都做了什么？在孩子使用手机时，自己有没有进行必要的指导和限制？也就是说，父母需要有这样的教育意识，不能被动地去应对这件事情，甚至不能随意地把手机交给孩子，不能孩子想玩什么就尽管让孩子玩，不能等孩子痴迷玩手机时，再干着急。

其实，不只是孩子沉迷于手机，一些父母不也痴迷于手机吗？父母给孩子做了一个很不好的示范。父母跟孩子在一起的时候，在玩什么？孩子在做作业的时候，父母在玩什么？

当然，我这么说，并不是把手机看成一个消极的或者有很多危险的东西，它本身也是一个学习的平台，一个娱乐工具，一个人与人交往的媒介。问题的前提在于，孩子要以学习为主，父母要引导孩子学习，限制手机的使用。

我的一个朋友认为用手机学习要有很强的目的性，对于孩子学什么，玩什么，父母要加以指导。这个“第一次”非常重要，它会形成一种“路径依恋”。如果孩子一开始是用手机学习的，那么他对手机的整个认知就会不一样。同时，父母还要限制孩子玩手机的时间和内容。不是说手机交给孩子了，就让孩子随便玩。

当孩子出现这类问题的时候，父母首先要反思问题出在哪里。我的思考是，与其把成年人的智能手机直接交给孩子，不如为孩子选购适合他的手机。如果父母对孩子的成长缺乏细致的思考，当发现孩子出现问题的时候，就难以纠正孩子了。

孩子痴迷手机，痴迷游戏，实际上是一个比较严重的家庭问题，也是孩子在学习成长过程中存在的问题，确实需要父母正面去应对。

所以，接下来我要谈的问题是：孩子已经痴迷手机了，那要怎么办呢？我觉得父母需要跟孩子约法三章。父母要跟孩子强调，学习是孩子自己的事情，每一个人都应该承担自己的责任，谁也帮不了谁。父母需要有比较明确的、原则性的认知，对于该限制的东西一定要限制。当孩子出现问题后，如果父母只是一味地妥协和退让，是解决不了问题的。如果父母自己都把注意力放在手机上，一刻都离不开手机，手机变成了父母的保姆，就像片刻都离不开的一个伙伴，那么这个家庭生活真的出现问题了。

当然，父母要鼓励孩子适当放松、娱乐，和同学之间进行互动。另外，还有一种比较好的方式是，父母要经常跟孩子交流一些信息，比如一些世界性的、国家的、城市的问题。当然，也有一些父母无法跟孩子进行更广泛的交流。孩子跟父母交流的热情也非常小，这也是一些父母遇到的问题。当孩子跟父母聊不到一起时，孩子就更可能躲到手机的世界里去。孩子的朋友不是父母，谈话聊天的对象也不是父母，这个问题就比较麻烦了。

问题 *20*

两岁的孩子不愿意收拾玩具，怎么办

家长问 好习惯要从小培养。我的女儿两岁多了，每次玩玩具都是只丢不收，怎么提醒都没有效果。我该怎么办呢？

湖南省 陈瑶

文质说

两岁的孩子不愿意整理玩具，这是很正常的事情。按照著名教育家卢梭的划分方式，两岁之前的孩子属于婴儿，两岁之后的孩子属于幼儿，或者说可以称为儿童。也就是说，从孩子的成长角度而言，两岁的孩子，刚刚脱离了母亲的怀抱。从孩子的心智和理解力而言，他并不知道：他有责任将玩过的玩具整理、收纳起来，下次玩的时候再将玩具拿出来，玩完以后再将玩具收起来。一个孩子需要经过训练才能掌握这个过程。

我不知道这位提问者是爸爸还是妈妈。他 / 她之所以提出这个问题，可能是因为平时一看到孩子不愿意收拾玩具就会生气。其实父母跟这个年龄的孩子生气是没有意义的，也是没有效果的。当然，有可能会有反面的效果，因为父母的情绪状态会影响孩子的情绪状态，甚至对孩子的性格造成一些影响。

此时，父母需要手把手地教孩子收拾玩具，耐心地跟孩子做示范，甚至在孩子不配合、不听从的时候，父母仍然需要一遍一遍地做示范。因为从孩子的认知角度而言，所有习惯的养成都需要一个过程。

不是说孩子没有这样的能力，而是这样的能力需要被引导，需要被不断地激发。要通过反复训练，孩子才会理解，他需要把自己玩过的玩具收拾起来。

在这里，我强调以下几个方面：第一，从孩子的角度而言，两岁多的孩子不愿意收拾玩具是很正常的事情；第二，父母要帮助和引导孩子一起收拾玩具；第三，在孩子不配合，表现不够到位的时候，父母要有足够的耐心，不要轻易地指责孩子，不要觉得没有效果而情绪失控。

当然，如果家里有足够的房间，父母就要逐渐地引导孩子在特定的房间里玩，让孩子慢慢地意识到，这个空间是属于他的。他既可以自由地使用，同时，也要维护这个空间的整洁，这是他的责任所在。

父母要让孩子逐渐明白，在家庭里面，从空间的角度而言，有一些是属于他的空间，有一些是属于父母的空间，有一些是全家人共同的空间。把这个空间搞清楚了，有助于孩子自我意识的形成。让孩子意识到，在公共空间里面的自我表现需要克制和自我约束，符合公共空间的规范。当然，这需要父母一步一步地去引导孩子。

那么，我们再回到这个玩具的话题上来。父母一方面要有足够的耐心引导孩子；另外一方面，父母需要用一种更生动活泼的方式，比如讲故事，玩游戏，适当地给予奖励，等等，不断地刺激孩子，引导孩子，使孩子养成收拾玩具的习惯。

实际上，对所有的孩子而言，承担劳动都不是一件容易的事情。这里面有人的天性问题，也有人的认知发展问题。父母需要有这样的认知：孩子需要父母积极的引导。再有用的道理，再重要的事情，不是父母讲一遍就够了，也不是父母很严历就有效果。

事实上，不要把这样一个与孩子互动的过程变成一个负担，或者变成一个让自己经常感到很不耐烦的事。父母需要为孩子的成长付出更多的时间和更多的耐心，需要想更多的方法把孩子送到成长的台阶上，一步一步地往前走。

问题 *21*

孩子无论做什么事情都慢半拍，怎么办

家长问　我的孩子无论做什么事情都慢吞吞的，总是要慢半拍，这是为什么呢？父母要怎样做才能帮孩子改正呢？

甘肃省　赵健汝

文质说

从我对某地小学生和幼儿园的孩子做的问卷调查来看，孩子们最不喜欢听父母说的话是：“你怎么做事情那么慢啊，做什么都慢。”

从父母的角度来说，父母真的会感觉孩子做什么事都慢，吃饭慢，收拾东西慢，上洗手间慢，走路也慢，做作业更慢。“慢”是孩子成长的普遍规律。几乎对所有的人而言，成长都是从缓慢开始，再慢慢地变快的过程。

但我们这个问卷调查是从孩子的角度来看的。从孩子的角度来看，孩子的认知跟父母的认知可能就不一样了。从父母的角度来看，孩子做事怎么这么慢，好像是一个真实的评价。而从孩子的自我评价和感受而言，孩子很讨厌父母老是批评他慢。那么这里就涉及一个问题：父母和孩子之间存在很大的认知差异。父母认为孩子慢，但孩子可能并不觉得自己慢，他觉得这很正常，就是这样啊。比如，我洗一次澡，你规定我多长时间，那是你的规定。从我的感受来说，我洗澡的整个过程，包括我的要求和我的需要，都跟你是不一样的。还有上洗手间的问题。很多孩子喜欢待在洗手间，忘了具体的时间。从成长的角度来说，这个“慢”也是孩子的正常状态。成年人的速度跟儿童的速度，客观地来说，就是有差异的。儿童对时间的感受跟成年人也是不一样的。父母要尊重孩子的感受差异。

当然，这又涉及父母的耐心问题。父母越是不耐烦地催促孩子，达到的效果可能越差。父母老是催促孩子，老是变得不耐烦，甚至变本加厉，这对孩子内在能力的发展是极为不利的。有时候，孩子“慢”是因为欠缺某些能力。父母要在孩子需要帮助的时候及时给予帮助。父母要在教育方法上做一些调整。父母不要高估了自己，不要以为自己严格要求孩子就一定能有相应能力的发展。父母要处处有意识地去提高孩子做事情的速度。在这个过程中，父母也要意识到，自己做事的风格简洁、高效，同样会潜移默化地影响孩子。

孩子“慢”的背后，有时候跟父母或者家庭习惯性的生活方式有关系。所以，父母的以身作则是非常重要的。另外，在教育孩子方面，父母还是得讲方法，要特别有意识地去训练孩子。我说的这个训练，是指用鼓励的方式去激发孩子。这种鼓励的方式应该是一种比较日常化的方式。对孩子做得快、做得准确的地方，父母及时地鼓励孩子，要让他明白父母欣赏的是什么。父母通过这种方式激励孩子。

在孩子刚开始独立做事情时，父母就要注重培养孩子的速度意识、效率意识。但是一开始很多的父母对此漫不经心，只有在发现孩子养成凡事慢半拍的习惯之后，才着急。然后，就像孩子所说的那样，父母一天到晚就嫌他慢，嫌他做什么事都那么慢。这样的孩子在做事情的时候会产生一种紧张感，缺乏自信，自主能力也会受到很大的影响。这样的孩子就不只是存在做事慢的问题了，他的心理素质也较差，因此，父母要反省自己，从自身做起。

问题 *22*

说了很多遍，孩子都不懂，怎么办

家长问 我的孩子 12 岁了。从他很小的时候，我就发现，对于一件事情，我跟他反反复复说了很多遍，可他还是不懂。这是为什么呢？我需要怎么做呢？

海南省 王运红

文质说

最近我做了一次问卷调查。这个问卷调查里面的一个问题是“小朋友最不喜欢父母说的一句话”。收回了一万多份的问卷调查，其中有五千多份问卷都提到最不喜欢父母说的一句话是：“怎么跟你说了这么多遍，你还不懂。”

“说了好多遍都不懂”，我们要把这个问题还原一下。实际上，有时候，我们说了很多遍，小朋友还听不懂。第一种情况是因为这个问题本身是有难度的，已经超出了小朋友的理解力，所以，即使我们说了很多遍，小朋友也还是不懂。第二种情况，可能是我们的叙述方法有问题，孩子可能听不太懂我们说的是什么意思。当然，更主要的原因可能是，小朋友不是不懂，只是对我们说的内容不太感兴趣。因为他不感兴趣，所以无论我们怎么说他也不懂。

因为父母经常说“我怎么说了那么多遍，你还是不懂”，所以，一些孩子对这句话产生了抵触情绪，不喜欢父母这样说。有时候不是父母说的内容有问题，而是父母的表述包含着对孩子的不尊重。经常会出现这种情况，孩子很不喜欢父母这样说，只要父母一说，他就不高兴，就很生气。

其实亲子关系不是你说我做这样简单的事情。对于小朋友而言，有些事情是有难度的。当父母觉得自己说了一遍又一遍，孩子怎么还不懂时，不妨亲自做示范，把孩子教会了，就没有难度了。父母对孩子要有耐心，不是父母说了，孩子就懂，或者就应该懂得。

孩子的成长需要一个过程。对于父母表达的某种诉求，孩子要真正能理解到位，执行到位，需要时间。父母不能操之过急，不能动不动就表现出不耐烦的情绪。如果父母只是对孩子表现出不尊重、不耐烦，而不是真正地手把手教他，不是真正地信赖他，只会对孩子产生不良的后果。本来孩子不会某件事情，还没那么糟糕。但是，父母这种不耐烦的教育，会使孩子产生抵触心理，有时会使亲子之间的沟通存在一些障碍。孩子的不满情绪会累积在那里，对父母的敌意也会慢慢增长。等孩子觉得他有一定的力量跟父母对抗的时候，他会表现出更为强烈的不耐烦情绪，更为强烈的不满和抵触心理。此时不管父母说什么，孩子都不想听。即使父母说得很对，孩子也偏不这么做，偏要跟父母对着干。

父母在教育孩子的过程中，应注意以下三方面。第一个方面，父母跟孩子交流时需要有耐心。成长是一个非常缓慢的过程。父母跟孩子的交流需要不断持续并且重复，父母不能先失去耐心。第二个方面，父母要讲究一些方法。父母不要高估了孩子的能力，不要以为父母督促他、严格要求他，他就能更快地做到，没有这么简单。父母有时候也可以适当地放低要求，从孩子能够做到的地方开始，然后一步一步地提高对孩子的要求。第三个方面，如果孩子真的不懂，父母也不要过于在意，不要过于强烈地要求孩子一定要达到目标。也许孩子今天不会的事，有一天可能自然而然就会了，这就是孩子自我成长的必然结果。在孩子成长的过程中，父母需要有耐心，要相信孩子总会长大的。父母要多鼓励孩子，在孩子需要帮助的时候，不要只做一个旁观者。

问题 23

叫爸妈为『哥姐』，合适吗

家长问 我看到现在很多的孩子叫爸爸妈妈“××哥”“××姐”。这样叫合不合适呢？是不是显得家庭更民主一些呢？

广东省　刁建开

文质说

这位妈妈问的问题比较有意思。因为她看到现在很多小朋友不叫“爸爸妈妈”，而把爸妈叫作“××哥”“××姐”。她就想：这样叫是不是显得更民主啊？这样叫是不是合适啊？在我看来，这个问题可能不是一个问题。

首先，孩子偶尔把爸爸妈妈叫作哥姐，是比较好玩的一种方式，并没有对父母不尊重。当然，这么叫，有些人可能会不习惯，但是，孩子就会比较喜欢。

当然，从独生子女的角度来说，家里只有他一个孩子，他真的没人叫哥，没人叫姐，就会把爸爸妈妈叫成哥啊姐啊。这种好玩的称呼本身表明了亲子关系比较亲昵、愉快、轻松、自然。

有时候父母对别人家的事情也会敏感一些。当看到孩子和自己的关系跟传统、跟别人不一样的地方，父母就会想：这样对不对呢？这样有没有什么问题呢？这样的敏感恰恰说明父母的良苦用心。当然，困惑也会比较多。

有时候，父母会过度敏感。对于一些很自然的事情，父母不要太操心，不要太担心。所谓的顺其自然，就是生活的某种状态，有时候自然而然地就会改变，自然而然地就会有所调整，就会有一种不同的变化。一些父母很爱自己的孩子，花很多的时间去陪伴他。对于孩子在成长过程中的一些问题，一些父母自然会观察到，也会因为孩子的问题而思考。这是一种非常积极的亲子关系的状态。

有时候父母也会很自然地放大孩子在成长过程中的一些小问题，因为父母的注意力都在孩子身上。有人会有这种感慨，说第一个孩子照书养。所谓照书养，就是父母会找规则、找理论，或者从别人那里找方法。等有了第二个孩子，父母就有经验了，精神就会放松一点。从某种意义上说，这对孩子的成长也会有利一些。如果只有一个孩子，父母确实会特别敏感、特别在意，对孩子的成长也会有一些不利的地方。父母也需要累积经验，这种经验的累积必须靠父母亲力亲为。

问题 *24*

老公是个『妈宝男』，我该怎么办

家长问 我是“90后”妈妈，女儿三岁，刚上幼儿园。我是一个比较与时俱进的妈妈，会主动学习最新的育儿理念。可是我老公是一个典型的“妈宝男”，他的思想受婆婆影响太大，什么事都听婆婆的，还按老一套方法对待孩子，没有主见，跟我的观念完全不同。我很焦虑，很苦恼，不知道该怎么办。

福建省　林悦

文质说

这位妈妈反映的问题，是有关孩子的爸爸。针对这个问题，我分析有以下两种情况。一种情况就是这位爸爸对孩子的成长介入、参与不够，在主动承担育儿任务方面做得也不够。另一种情况就是这位爸爸总是站在孩子奶奶这一边来思考问题。而这位妈妈认为：奶奶的很多观念已经落后了，是有问题的。她觉得她的老公就像大家经常说的“妈宝男”。也就是说，她老公本身没有长大，一切都按他妈妈发出的指示来执行，一切都按老规矩来，没有主见，又特别固执。这样做是有问题的，至少这个妈妈认为爸爸有问题。

有时候，可以这么说，虽然一些男性当了爸爸，但是从心智成熟的程度上，他还没有达到做爸爸的标准，对孩子的教育也没有尽到更多的责任。男人不是有了孩子后就能做一个合格的爸爸。实际上，爸爸也需要跟孩子共同学习和成长。育儿知识需要升级和更新，不学习怎么行呢？人身上有多少知识是与生俱来的呢？就像康德所说，人是需要学习的动物，这是人的宿命，没有一个人能例外。爸爸也要学习，要成为学习者，要针对自己的孩子不断地更新自己的知识系统。这才称得上与时俱进，不落后于时代，不会让孩子输在家庭的起跑线上。

家人要有共同的生活目标，要把孩子的教育作为家庭文化的核心。怎么能说教育孩子就是妈妈的事情？在家庭教育方面，夫妻需要协作与分工，协作要有共识，分工当然要有任务感和责任感。孩子的教育光靠妈妈一个人是不行的。如果爸爸缺席了，成了一个不在场者，或者人虽然在场，但是整颗心不在场，注意力不在场，责任感不在场，那么爸爸的这种状态等于给孩子做了一个非常不好的示范。

我有一个很有意思的发现，就是在孩子成长的过程中，孩子跟父母的关系，是有“有效期”的。如果在这个有效期之内，父母没有跟孩子建立这种情感，过了有效期后，父母再想去建立这种情感，就是不太可能完成的任务了。亲子关系就像一个环，这个环是在不断地生长的。如果在环闭合之后，父母再想跟孩子建立情感，孩子就已经把父母屏蔽了。如果没有建立这种亲密的关系，父母想要跟孩子讲道理，不管是来软的还是来硬的，都很难达到真正的教育效果。

这就像农民种地一样，要按照季节和农时。如果父母误了时辰，不利于孩子的成长，也不利于亲子关系的和谐融洽。父母再也不能从孩子那里得到亲情的温暖与甜蜜。很多人没有意识到这一点。大家都说生一个女儿就像生了一件小棉袄一样。但如果父母对她没有感情，她是不可能成为小棉袄的，她一生都会对父母冷冰冰的。人与人之间的感情不是与生俱来的，它需要不断地培养。这种培养出的感情才是一种活的感情，是一种自然流露出来的感情，而不是因为责任而存在。如果只是因为责任，没有亲密的情感灌注其中，就像给你一碗冰冷的饭一样。

今天，父亲缺席的现象是非常严重的。很多母亲就像单亲妈妈一样养育孩子。就像日本的学者河合隼雄说的："如果都是妈妈在管教孩子，那么这个妈妈同时也要像父亲一样管教孩子。"这个时候，父亲的形象是非常严厉的、生硬的、粗暴的，这对孩子的成长是很不利的。处理孩子的问题，父母真的要打有准备之战。第一，夫妻之间要有共识，孩子成长的责任是夫妻共同的责任；第二，夫妻之间要有明确的责任分工；第三，夫妻要在孩子的成长进程中不断地协商，不断地相互讨论。既没有智慧又没有方法，背后更没有理念，父母怎么可能把孩子管教得好呢？

如果在一个三代同堂的家庭里，什么事都听孩子奶奶的，这肯定也是有问题的。因为真正要管教好孩子，最终得靠父母，而不是靠爷爷奶奶这一辈。爷爷奶奶怎么疼孩子都可以，但是重大的事情，原则性的问题，孩子的教育问题，等等，都需要由孩子的父母来处理。

对于孩子的成长来说，爸爸的重要性不言而喻。爸爸可以让孩子更有勇气，更有责任感，促进孩子的自我成长。如果爸爸不在场，那么孩子跟谁学呢？针对家庭教育的具体问题，总是会说到父母的责任。对于不同的特殊家庭，我们也有一些更具体的指导。这个具体的指导原则可归纳为：一是责任到位；二是观念更新；三是共同协商。

问题 *25*

妈妈夸赞别人家的孩子，自家孩子不高兴，怎么办

家长问 我女儿读二年级了。我有时候出于礼貌，也出于真心，一看到别人家孩子做得好的地方，就会自然地发出感慨，表扬人家孩子几句。但是，我每次表扬别的孩子时，我女儿都不太高兴。其实，我也经常鼓励我女儿。她是嫉妒心太强了，还是占有欲太重？我很担心她以后不能接受别人。我该如何引导她呢？

江苏省　沈兰

文质说

这位妈妈说，读二年级的女儿一看到自己夸别的孩子就会有些不高兴。那么我很想问一下这位妈妈："孩子是上了二年级以后才会因此不高兴，还是以前经常也会因此不高兴，又或者是你现在对这个问题有点敏感？"

孩子听到妈妈夸别的孩子，有时候会产生一些不满的情绪。当然，这是一种比较正常的情绪。从孩子的角度来看，这个妈妈是他专有的妈妈，妈妈应该夸的人是他自己。安全感、归宿感、信赖感是孩子与生俱来的内在需求。孩子有了安全感、归宿感和信赖感之后，他就不容易紧张、焦虑，不容易对妈妈产生抵触或者敌对的心理。

看到妈妈夸别的孩子好所产生的情绪状态，是跟孩子的某种情感需求有关系。一方面，这是一种自然的需求，孩子以自我为中心，他希望妈妈只对他好，不能当着他的面夸别的孩子好。另一方面，如果这种自然的需求表现得特别强烈，那么从妈妈的角度来看，甚至会觉得孩子很失礼。但是这个问题首先不是礼貌的问题，而是孩子在成长的早期，缺少了一种情感的积淀。这个情感的积淀就是爱的积淀。可能妈妈对孩子的爱、对孩子的关怀、对孩子的鼓励是不够的。越是不够，孩子就越会对妈妈的赞赏、溢美之词特别敏感，特别在意。

父母在处理孩子身上的一些问题时，需要辨析。我所说的辨析就是指不要把这一类问题归为礼貌问题，归于失礼。其实，问题不是这么简单。这个问题的源头往往在孩子成长的早期。爱是土壤，爱是根基，在丰富的土壤、扎实的根基里成长起来的孩子，当看到父母由衷地赞赏他人时，他可能会有一些在意，也会有一些醋意，但是，不会有过激的、焦虑性的情绪反应。

每个人都希望自己是唯一的，自己是最重要的，自己是最好的。当母亲或者亲近的人去欣赏他人时，有的孩子会有一种极端化的情绪。这个时候，父母就要去思考孩子的成长轨迹了。如果孩子在缺少爱和安全感的环境里长大，那么，孩子就会特别敏感。比如这些孩子会想：妈妈去爱别人，是不是因为不爱他？妈妈更欣赏别人，是不是因为觉得他不好？

我可以用两个词来解释一下。一个词是“本质性”。有一些情绪是本质性的东西，是与生俱来的，是每一个人都会有的，这是一种正常的情绪。另一个词就是“生成性”。因为缺少某种东西而产生的情绪，或者因为有了某种情感，才生出更丰富的情绪。当孩子焦虑时，父母要考虑怎么安慰孩子，或者考虑用哪一种方式来对待他人的孩子才不会让自己的孩子焦虑。父母不能指责孩子，而是要充分地照顾孩子的感受，意识到孩子的某些问题，在赞扬其他孩子的同时，避免对自己的孩子造成困扰。

有时候，父母还需要跟孩子交流。比如，这个妈妈可以告诉孩子："妈妈赞扬这个小朋友，不是对你的否定，你表现得也非常好。因为我们今天见到了这个小朋友，所以，妈妈表现出了对他的好感。希望你能够理解妈妈的这种方式。"在这种交流的过程中，孩子会变得放松，理解妈妈，最后能慢慢地接纳妈妈的方式。父母要加强孩子的这种自信心，要让孩子相信自己在父母的心目中是不可替代的。

问题 *26*

到底能不能打孩子

家长问 我儿子今年六岁。有时候因为他太调皮，我们会惩罚他，比如打打手板心，打打屁股之类。在读了张文质老师的《奶蜜盐》和《父母改变 孩子改变》之后，我就有一些纠结了，感觉打也不是，不打也不是。请问张老师：到底能不能打孩子呢？

湖南省 李思

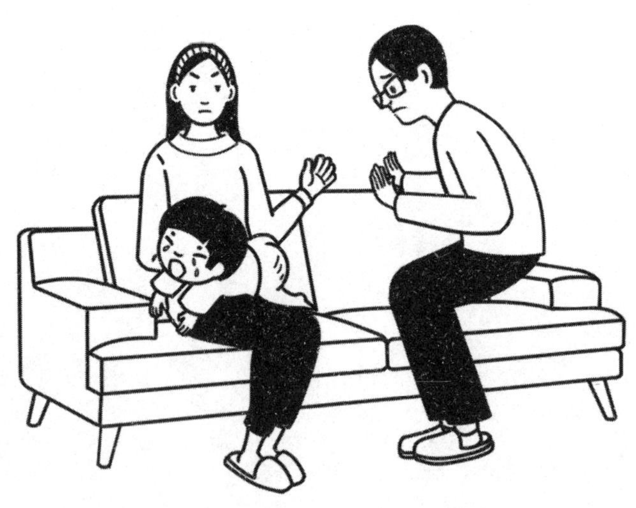

文质说

到底能不能打孩子呢？这几乎是所有父母都会遇到的难题。有时候孩子太调皮了，无论父母怎么说，孩子都不听。很多父母就想，可能打孩子一顿就会好吧。可能也真的有这种效果，一些小朋友被打一下就乖多了。

在传统的家庭教育里面，体罚孩子这件事可谓古已有之，代代相传。当然，打孩子的理由也是比较充分的。没有惩罚就没有教育，有时候惩罚就是专门指体罚。体罚的效果会比较明显。这样又推演出一个逻辑——棍棒底下出孝子。其实，所谓孝子往往是指能够孝敬父母、品德高尚、学业优秀的成功人士。只是，棍棒教育又因此有了特别绚丽的光环，好像那些孝子大部分都是棍棒底下教育出来的。当然，肯定会有很多棍棒底下出孝子的例子。但是，大家往往忘记了，或者不会特别在意棍棒教育的反面作用。

当然，现在的情况跟以前不太一样了。不打孩子，逐渐成为一种共识。科学研究发现，体罚会对儿童的身心造成严重的伤害。有时候难以把控体罚的程度，一不小心就体罚过度了，而体罚过度所造成的悲剧总是时有发生，令人伤感。

虽然大家都懂这些大道理，但是面对具体的情况，还是会遇到各种各样的复杂问题。我们要思考：孩子为什么会任性放纵，目中无人，目无家法，目无校纪呢？

第一种情形，在孩子成长的早期，由于父母管教不严，自由放任，慢慢地，孩子就养成了自我放纵的习惯，等孩子到了一定的年龄，就再也不受约束。第二种情形，在三代同堂的家庭，没有办法形成最基本的家教规则。孩子犯错时，总有爷爷奶奶袒护着。孩子没有办法辨别自己所做的事情到底是对还是错，或者危害性在哪里。甚至一些父母就让爷爷奶奶承担家庭教育的重要责任。第三种情形，父母错过了陪伴孩子的时机。孩子的成长总有一个试错的过程。在这个过程里面，父母及时地指导、纠正孩子，有助于孩子的成长。当然，指导、纠正并不是靠体罚，因为体罚也解决不了问题。

一些学者研究：到底什么时候能打孩子？研究发现：两岁之前肯定不能打，因为在两岁之前打孩子，没有效果，而且容易对孩子造成身体伤害。七岁之后，也不应该打孩子，因为七岁之后，孩子的自尊心开始渐渐地变强了，打孩子可能会造成意想不到的严重后果。

也就是说，在孩子成长的关键期，二岁至七岁之间的五年，大概可以有某些比较严厉的惩戒。

当然，在我看来，戒尺可能是一种比较恰当的惩戒工具。过去孩子上私塾，老师会用戒尺来惩戒。也许手掌是唯一能惩戒孩子的一个身体部位。如果打别的地方，风险太大，可能会对孩子造成非常严重的伤害。

当然，我还要强调一下，对孩子的惩罚应该有适当的分级。这一点，我特别做了一下分类，分成了七个类别。第一种是提醒。当孩子出现小的差错的时候，父母要及时提醒。第二种是批评。比如对于某件事情，当孩子做得不妥当、不应该时，父母除了制止以外，还应该做出正面的批评。第三种是具体的冷落。比如当孩子乱发脾气的时候，父母可以采取冷落的方式，不理孩子。第四种就是比较严厉的批评，也就是斥责。当然，父母要做到声色俱厉，要让孩子感受到父母生气了，感受到父母的不认同。第五种就是剥夺。对于孩子的某一些权利，在孩子表现太糟糕的时候，父母可以剥夺。第六种就是禁闭。在孩子出现重大的差错时，父母把他禁闭起来，让他自我反思。在寂静的空间里面，孩子能够有更多的自我觉醒，能够有更多思考与反省的机会。在多子女的家庭里面，禁闭的效果可能会更好一些。第七种才是体罚，用戒尺打手掌心，等等。

实际上，我想要强调以下几点：

第一，在孩子成长的过程中，父母要陪伴在侧。第二，父母在孩子成长的过程中，要承担起教育孩子的责任。特别是在三代同堂的家庭，教育孩子的重担要落在孩子的父母身上。第三，对孩子的管教，应该是不同的情况采取不同的对策，而不是要么不管教，要么暴跳如雷，采取非常严厉的惩罚方式。这样往往会使孩子生活在一种恐惧与混乱的状态里面，孩子所认同的不是原则，而是对父母的惧怕。在父母管教不到的地方，孩子就可能会放任自己，做出各种各样的荒唐事情。

问题 27

孩子不肯脱鞋子，怎么办

家长问 由于我平时工作很忙，因此儿子都是由外公外婆带。有一次，我带孩子参加幼儿园举行的趣味游戏活动。其中的一个项目是让孩子脱掉鞋子到沙地上去玩。结果他怎么都不肯脱，他说鞋子脱了，脚会弄脏。看着其他的孩子玩得那么高兴，而他却怎么都不肯脱鞋去玩，我非常生气，打了他一巴掌。结果，儿子号啕大哭，让我觉得好尴尬，只得提前把他带回家。回到家后，我静下心来想了想，觉得自己做得不对，就跟孩子道歉了，我们俩都哭了。虽然我们现在和好了，但我还是很困惑。孩子为什么会这样呢?

湖北省　王英英

文质说

孩子为什么不肯脱鞋子？他自己的意思是因为沙地脏，脱了鞋子后会把脚弄脏。这不是该年龄段男孩的普遍特征。小男孩一般都是很顽皮的，没有这么明确的“脏乱差”的概念。

问题出在孩子都是由外公外婆带。老人带孩子，出于谨慎和关爱，会反复让孩子认识干净与脏、安全与危险。比如，面对一块沙地，老人既会担心孩子弄脏衣服和鞋子，又会担心孩子赤脚玩的时候受凉、感冒，也会担心沙里面有小玻璃、小铁钉之类的不安全物品。种种担心叠加在一起，沙地就成了孩子的禁区。

老人对孩子的爱，往往都是一种单向施加的爱，而不是互动式的——通过游戏、玩乐，在体验的过程中，相互感受到彼此的爱意。所以，老人带孩子很难培养出孩子的游戏精神。带孩子，跟孩子玩，其实是一项体力活。老人体力跟不上，就更容易对孩子活泼、好动的行为不耐烦，不耐烦之后就是限制、“监禁”孩子。

正常的、良好的亲子关系，意味着父母亲密的陪伴，逗孩子，引导孩子，鼓励孩子。但对于老人来说，照顾孩子首先要看管住孩子，保障安全，绝对不要出事情。由老人带大的孩子往往更守规矩，什么东西能玩，什么东西不能玩，孩子只会按老人的标准去定夺，而不是依照自己的喜好、天性在游玩的过程中去探索世界。久而久之，孩子对所有陌生的、未知的、不熟悉的东西，就会丧失一种主动尝试的精神。

孩子跟小伙伴之间的玩耍嬉戏，本身就是生命成长的一部分。在游戏中，孩子可以自然而然地学会与他人交往，获得自我控制、自我调节、自我处理问题的能力，还能获得某些情感需要的满足。缺少游戏经验的孩子，往往会变得格外挑剔、任性，爱好、趣味、需求会变得越来越单一化，在生活中，只要遇到不满意、不满足的地方，就容易情绪激动。老人在这种时候又往往会无条件地满足孩子的无理要求。一方面严厉控制，另一方面无条件满足，这是大多数老人带孩子的特点。

我想给这位妈妈两条建议：第一，要尽可能多点时间陪伴孩子，尤其是周末，多带孩子出去游玩，让孩子接触大自然，接触土地，多跟其他孩子交往。在这个过程中，父母才能发现孩子的特点和情感需求，并从中学会跟孩子相处。当孩子情绪烦躁时，父母能找到一种恰当的方式去调节、安抚孩子。打骂孩子，不但解决不了问题，还容易对孩子的身心造成伤害。第二，可以买一些通俗易懂的家庭教育书籍给老人看，并经常跟老人交流，与老人达成教育孩子的共识，这样老人才能用更适合孩子成长的教育方式。

当孩子不愿意去沙地上玩时，父母也不要急，要先尊重孩子的选择。孩子身上的问题都是日积月累产生的，不要指望一次就能解决。只有父母尊重孩子的选择，孩子才会心平气和地去理解眼前的事情。等孩子看到别的孩子玩得那么开心，开始好奇了，父母就可以鼓励他："你看，沙地不脏啊，别的孩子都在玩。就算脏了也不要紧，我们可以回家洗。"也许孩子就不怕脱鞋了。

问题 *28*

六岁的儿子是不是早恋了

家长问 我儿子六岁了，平时很听话，什么话都跟我说。我喜欢把他打扮得很时尚，还给他戴了耳钉。“光棍节”前夕，儿子告诉我一个秘密，他非常喜欢幼儿园的老师，并向她“表白”了，老师也说喜欢他。儿子以前也总会跟我提起幼儿园的美女老师。我没有太在意。但是，没想到这一次儿子竟然跟老师表白了，我很担心。他是不是早恋了？

青海省 潘李丽

文质说

站在儿童的角度来看，六岁的男孩对老师说出“我喜欢你”，实在是再正常不过的一件事情。每一个孩子在成长过程中都会有各种各样的想法。孩子的脑袋就是用来装这些奇思异想的。

为什么妈妈会对此表示担心呢？因为妈妈是用成人的视角看待这件事的，所以一句“我喜欢你”会被揣测成性早熟、早恋，甚至心理不健康。但妈妈眼中的孩子的“成人化”，未必就是真的“成人化”。

我把这位小朋友的故事发在我的微信朋友圈，引来了很多人参与讨论，但没有一个人担心这个孩子。有一个朋友说，孩子挺幸运，从他的表现来看，他应该是成长在一个比较宽松的环境里，父母很少压抑他的想法，所以他心中有什么想法，就会直接表达出来。还有一个朋友说，孩子对老师的“表白”，实际上也是对老师的赞美，这意味着老师在孩子心目中的形象非常美好。

在很多儿童眼中，新娘的形象都是纯洁、美好的。女孩渴望成为漂亮的新娘，男孩也希望自己喜欢的女孩能成为自己的新娘。这些都是儿童对未来生活的一种美好的期待。

在幼儿园里，男孩女孩之间经常会产生这种朴素、自然、纯洁的好感。这样的好感其实是孩子健康情感的流露。父母也可以回想一下自己的童年经历。比如小时候玩的“过家家”，是不是也会有扮演夫妻家庭生活的游戏？这些游戏都有助于儿童学习、理解、表达情感。孩子对老师表达好感，也是孩子的一种游戏。

当然，我们生活在一个以成人为中心的社会。父母既要警惕垃圾食品对孩子生理的催熟，也必须警惕成人文化对孩子心理成长的影响。一些偶像剧、亲情剧、成人化的娱乐节目，可能会对孩子产生催熟作用。父母需要有意识地限制孩子接触成人文化，要多陪伴孩子，多带孩子到广场、公园游玩，多参加一些户外活动，让孩子多结交几个小伙伴。如果一个孩子整天跟成人交往的话，他的语言、思维，甚至说话的表情都会变得成人化。让孩子生活在童真的世界里面，就是保护他的童心、保护他的想象力。只有这样，孩子才会成长得更健康。

妈妈也不宜跟孩子讲太多道理。我建议妈妈去跟孩子的老师沟通一下。这样既可以解除妈妈内心的困惑，也可以让老师更了解自己的孩子。如果小朋友真的跟老师特别亲昵，可以建议老师稍微对孩子疏远一点，要让孩子觉得，老师并不是专属于他一个人。

问题 *29*

为什么爸爸能看，我不能看

家长问 有一天我下班回家，发现自己家里书房的门虚掩着，里面发出一些比较奇怪的声音。推开书房的门，我发现孩子正在电脑前慌慌张张地看什么。我走向前一看，大吃一惊，因为孩子正在看“黄片”。我非常恼火，很生气。可孩子却质问我：“为什么爸爸都能看，我就不能看呢？”我顿时感觉特别尴尬，不知道该怎么回答孩子。

广西壮族自治区 吴冠萍

文质说

一个家庭，从“二人世界”到“三口之家”，家庭生活的方式和重心都需要改变。只有夫妻二人的家庭生活，可以过得随意，甚至没有禁忌。但有了孩子之后，整个家庭的生活就应该以孩子的成长为中心，营造健康，有利于孩子成长的家庭文化。家庭空间的设计、家具的摆放，应该让孩子感到安全、舒适，不能干扰、影响孩子的生活和学习。

孩子发现父亲偷偷看“黄片”，好奇心会驱使他去模仿、探究父亲的行为。好奇是孩子的天性。如果引导得好，孩子就能在正确的道路上越走越远。但同时父母必须意识到，好奇也是有风险的。

孩子稚嫩的心灵，一旦过早地接触某一些东西，对孩子今后的成长是非常不利的。一些过度的刺激，容易使孩子的身心受到伤害，而这种刺激造成的身心伤害往往是很难补救的。

如何才能做到既不打消孩子的好奇心，又能让孩子的身心健康成长呢？首先，父母应该严格管理孩子可能接触到的电子设备。像孩子进到书房，可以随意打开电脑的行为，就是一种疏于管理的表现。其次，在孩子阅读、玩乐之前，父母最好能提前了解相关的内容信息，及时而恰当地避免孩子接触某些不合适的文学作品、游戏、音像作品。

父母要从小培养孩子的界限意识，这可能是很多父母没有想过的问题。在现在的家庭里面，孩子有孩子的房间，父母有父母的房间，或者孩子有孩子的书房，父母有父母的书房。那么，该怎么行使房间的使用权呢？比如，父母的卧室里即便放着很多属于父母的东西，孩子也可以到父母的房间里来。但是有时候如果父母房间的门关着，孩子是需要敲门才能进入的。如果父母房间的门锁着，孩子是不能轻易打开的。反过来呢，随着孩子逐渐长大，父母也要有这个意识。要进孩子的房间，父母也需要先敲门，征求孩子的同意。这样做实际上就是在培养孩子的界限意识。也就是说，要让孩子明白，什么事情他是可以在家里随便做的，什么事情他是不能在家里随便做的，什么房间他是可以自由出入的，什么房间是有一些限制，需要征得父母同意的。

进了父母的房间以后，孩子不能轻易地去翻动父母的抽屉、文件包、化妆盒等等。父母要手把手地教孩子、提醒孩子，要让孩子有界限的意识，要求孩子一定要做到。当然，反过来，父母也要以身作则，比如不能随便翻看孩子的日记。属于孩子隐私的东西，父母是不能随便打开看的。父母要克制自己的好奇心，克制自己窥探孩子在想什么、在做什么、在跟谁来往的欲望。再说到这个书房的问题。这个书房到底是孩子跟父母共用的书房，还是父母的书房呢？为什么会出现孩子打开父亲的电脑看“黄片”这么尴尬的事情？就是因为父母在家里没有提醒过孩子，有些东西是属于父母的，孩子不能随便打开。

孩子当时回了母亲一句话：“为什么爸爸能看，我不能看？”这是问题的关键地方。我们必须非常明确地强调：有一些东西是父母可以看的；有一些东西是父母可以看，孩子也可以看；有一些东西是父母可以看，孩子不能看的。要分清楚这个界限。不分清楚的话，对于父母所做的事情，孩子都可以做吗？父亲可以喝酒，孩子也可以喝酒吗？那当然是不行的。

孩子跟父母是有区别的，这个区别是由身心发展的程度造成的。为什么要把电影分级，电视分级，要区分成年人跟未成年人呢？我觉得是因为成年人有自我控制的能力，有自我鉴别的能力，而年龄小的孩子不具备这些能力。父母要有这种意识，学会给孩子分级，了解什么是孩子不能看的。孩子在做什么、在想什么，不是父母可以完全掌控的。父母要把一些比较私密的东西妥善保管，要把家庭中的风险降到最低。

对于孩子问出的问题，父母要正面回应。在孩子成长的过程中，对涉及“性”方面的问题，很多父母经常采取避而不谈、含混了事，甚至瞒骗的方式。我觉得这也是不恰当的。父母可以明确地告诉孩子，有一些行为对大人而言是合适的，但对孩子而言是不合适的。既然不合适，就意味着即使大人在做这件事，孩子也是不能做的。正面的教育方式要远胜于含糊不清的、偷偷摸摸的、回避的方式。让孩子建立界限意识，分清楚什么是合适的，什么是不合适的，什么是危险的，什么是安全的，什么是可以做的，什么是应该避免的。在这种分辨的过程中，孩子就能形成一种规则意识和自我保护意识。将来，无论孩子处在什么样的环境当中，他都能守护自己，规避危险。

问题 *30*

我的女儿是同性恋，怎么办

家长问 我和老公因为做生意，四处奔波，很少有时间留在家中陪伴女儿，所以在女儿很小的时候，我就请了一位保姆来负责女儿的生活起居。女儿现在读初三了。前几天，女儿的班主任给我打电话说女儿的学习成绩下降快，还严重翘课。我特地赶回家质问女儿。她竟然开门见山地告诉我，她正跟一位大她七八岁的女孩谈恋爱。她们是在一次义卖活动中认识的。那个女孩对她关爱有加，俩人慢慢发展成了恋爱关系。女儿开始夜不归宿，并表示绝对不和那个女孩分开。面对这种情况，我感觉非常意外，也痛心疾首，不知道该怎么办。

北京市　洋洋妈妈

文质说

由于父母不在身边，孩子就不可能得到正常的父爱和母爱，也很难形成正常的男女交往的认知。如果孩子是独生子女，则更难。父母没有通过跟孩子生活在一起，给孩子一种直观的认知：婚姻主要是由一个男性和一个女性构成。

所谓的恋爱，或者说对异性产生好感，其实是生命成长到一定阶段必然产生的。孩子长到一定的年纪，自然而然就会对异性、对情爱产生一种强烈的需求。在这种情况下，孩子遇到一个什么样的人就变得极为重要。

这个孩子恰恰在情窦初开的年纪遇到了一个比她大七八岁的姐姐。姐姐无微不至的关怀正好补偿了这个孩子在家庭生活中的情感欠缺。然而，这位姐姐是一个同性恋，她会很自然地把这种关心逐渐转向同性之爱。

我们很难说这位妈妈的女儿就一定是有同性恋倾向的人。每个人的身心中都蕴含着各种可能性。也许那个姐姐正好把孩子身上同性恋的可能性激发出来了。这种可能性一旦被激发出来，就非常难逆转了。

我不想探讨同性恋是应该还是不应该的问题。我只想建议父母与孩子维持一种正常的家庭生活状态与情感交流状态。父母要与孩子生活在一起，尽早地帮助孩子认识自我。让孩子自然而然地形成性别意识，既有助于孩子的健康成长，也有助于孩子保护自己不受侵害，与人交往的时候有一定的界线。正常的家庭生活是孩子身心健康成长的重要保障。

父母要有意识地引导孩子去跟不同性别的朋友进行正常的交往，同时又要限制孩子的非正常交往。什么叫非正常交往？比如，孩子外出的时候，父母不知道他去了哪里，不知道他跟谁在一起，不知道他什么时候回来，不知道他到底会不会回来。

独生子女没有兄弟姐妹，如果父母再不跟唯一的孩子生活在一起，孩子将被抛入无边的孤独当中。在这种孤独的状态里面，孩子是很容易受到各种诱惑的。一旦孩子接受了诱惑，便踏上了另一条“不可逆”的成长道路。

问题 *31*

我的宝宝爱『吃手』，怎么办

家长问 我家宝宝现在四岁半，从不到一岁就开始“吃手”，一直吃到现在，一躺下或者想睡觉时，就把大拇指塞到嘴里。最近宝宝还开始吃手指甲。她的手指甲压根就不用剪。怎么说她都不管用。我怕我的态度太强硬，不利于她的心理健康。但是，“吃手”是不好的习惯，不能再纵容下去。我现在很矛盾，想帮她戒掉“吃手”的习惯，但找不到合适的办法。

安徽省　柯小玲

文质说

有一部非常有名的纪录片，叫《子宫日记》。该片导演通过新技术拍摄了胎儿在子宫内的整个成长过程。我们可以看到在怀孕中期，胎儿在子宫内吮吸自己手指的画面。从这个角度来说，吮吸手指是人的天性之一。心理学家弗洛伊德认为，“口唇期”（吮吸手指也是这一时期的行为表现）是人必须经历的一个成长阶段。

但是，如果孩子吮吸、咬手指甲的习惯变得不正常，则可能跟焦虑有关。

我以前的一个邻居的孩子，小时候从来没剪过手指甲和脚指甲，都是孩子自己咬掉的。孩子的妈妈情绪不太稳定，经常失眠。成人的这种焦虑很容易传递到孩子身上。如果父母情绪不稳定，那么孩子就琢磨不清父母在下一刻会怎么评价自己。这样的不确定性令孩子焦虑。

在家庭里，如果父母给孩子的鼓励、表扬太少，孩子会觉得自己时时处于某种黑暗的孤独之中，感到焦虑。成长本身也是让孩子畏惧的东西。

如果焦虑已经导致了孩子的一些不良习惯，比如咬手指甲，父母不能总想着一下子就把这种习惯纠正过来。父母不能过于惊慌，不能夸张地对待孩子，而要淡化处理，耐心、温和地倾听孩子的内心需求，寻找问题的症结所在。

有时父母一味地纠偏，反而会把孩子身上的这种不良习惯固化。很多父母在纠偏的时候，惹的最大的麻烦就是越纠越偏。因为父母在强行制止孩子某一行为的时候，实际上是把自己身上的那种焦虑也叠加到孩子身上了。孩子身上的焦虑不但没有得到缓解，反而被强化得更厉害了。

父母要意识到，咬指甲不是一个致命的坏习惯。父母往往认为咬指甲不卫生，所以忍不住要制止孩子的这种行为。但国外已有研究表明，大部分孩子在吮吸手指时，看上去好像吮进去了病菌，实际上孩子的身体会马上分泌出相应的抗体，孩子并不会因此得病。

实际上，我们只要稍微仔细观察一下一些名人政要就会发现，他们都有咬指甲的习惯。因为这是一个人处于紧张状态下的自然反应。也许，咬指甲会让人获得某种心理的平衡，缓解内心的紧张感。

如果孩子不管在什么时间，不管在什么场合都咬指甲，那么父母需要重视起来。孩子不停地咬指甲，甚至还咬脚指甲，既让人觉得不雅，也会影响孩子与周围人的交往。父母可以尝试着转移孩子对手指和脚趾的注意力，多带孩子外出参加户外活动、体力劳动，来缓解孩子的焦虑感。必要的时候，父母需要带孩子去专业机构做一些心理疏导。专业的心理疏导能缓解孩子内心的焦虑，改掉孩子的不良行为习惯。

问题 *32*

孩子被人打，要不要还手

家长问 我儿子十岁了，读小学四年级，在班上经常打同学。一旦别人不小心碰到他，他就一定要还手，而且不知轻重，经常制造一些麻烦。我打过他，也好好跟他讲过道理，可他就是改不了。反正只要别人打他一下，他就一定要打回来。我该怎么引导他才好呢？

湖南省　龙艳妮

文质说

攻击倾向是人天性的一部分。如果这种攻击倾向没有得到合理的制止、引导、教育，随着孩子年龄的增长，力量的增长，攻击的破坏力也会增长。父母要去理解孩子的这种天性，并做适当的引导，不能动不动就把孩子的某些行为归结为“品性坏”，从而给孩子贴上一个“坏孩子”的标签。在这种情况下，父母就很难心平气和地对待孩子了。当然，如果孩子在家里经常受到父母的欺压、辱骂，他也更可能在学校寻衅滋事，因为他要通过欺负别的孩子来获得一种心理平衡。

接下来我想把这个问题反转过来谈。孩子在学校里被其他孩子欺负，父母该怎么办？

孩子在学校里被其他孩子欺负，是很常见的现象。一般情况下父母会让孩子找老师反映情况。但从实际情况来看，这样做并没有太大效果。因为打人的孩子，一般都是调皮捣蛋的孩子。第一，老师不一定能够管到他；第二，老师批评他之后，他不见得就能改正；第三，老师也不一定能及时制止打人的行为。

有的父母还会建议自己的孩子“你躲着他吧，不要跟他玩”。一般会有以下两种情况。第一种情况，被打的孩子挺喜欢跟那个调皮捣蛋的孩子玩，因为调皮的孩子不见得就不是一个好的玩伴。第二种情况，因为他们每天都在同一个学校，那个喜欢打人的孩子，在教室，在操场，在学校的任何一个角落，都可以欺负到其他的孩子。

还有些父母会跟孩子说："如果他打你，你也打他嘛。"这可能导致两种很危险的情况。比如，你的孩子拿了危险的器具回击，或者，你的孩子完全打不过对方，硬打可能会导致对方的猛烈攻击。这两种情况都可能给孩子的身体带来极大的伤害。

我的建议是：不要让孩子自己去面对、处理这件事。如果孩子在学校里屡遭欺负，父母首先要去了解孩子受欺负的原因。有一些是因为孩子性格上的缺点，比如软弱、胆小的孩子更容易被人欺负。老是喜欢惹别人、烦别人的孩子也容易被打。"惹别人、烦别人"还有一种特殊情况，就是孩子经常在班上炫耀，引起另一些孩子的不满，导致被打。

如果孩子一而再、再而三地被班上的同学欺负，在了解清楚孩子被欺负的原因以及孩子受欺负的状态后，父母需要出面帮助孩子。父母首先要跟孩子的班主任交涉，向班主任反映这个情况，有时候甚至还要向学校的有关领导反映。因为孩子屡遭欺负，就不是一件小事情了，哪怕父母觉得孩子被欺负的程度不是很重，也会对孩子的身心健康造成不利影响。

父母可以在班主任在场的情况下，跟那个打人者交谈，问他为什么要打自己的孩子，让他说一说欺负孩子的原因。如果这个办法还是不能奏效，也可以约请对方的父母一起来处理这件事情。

为了避免再遭欺负，孩子之间可能会达成某种协议，比如，打人者向被打者索要财物，如果被打者每次都很顺从的话，索要会升级，财物会越来越大。孩子回家之后往往不敢跟父母说，他可能会因此不断偷家里的钱。在这种情况下，孩子内心不敢言说的委屈，会对孩子的身心造成极大困扰。

所以，父母一定要通过各种方式尽可能多地了解孩子在学校的情况，尤其要了解他跟其他孩子相处的情况。当孩子出现问题的时候，父母必要的介入，必要的干预，给予孩子必要的帮助，对孩子来说是非常重要的。

问题 33

儿子喜欢玩弄生殖器，怎么办

家长问 我儿子六岁，读小学一年级。我带着一家人在外地打工，平时对儿子的关心比较少。有一回，我提早回家，发现三四个小孩子在屋内玩脱衣服的游戏，儿子也把裤子脱了，甚至还和其他女孩子一起摆弄生殖器。我很担心，真的不知道该怎么办。

贵州省　曾艳鸿

文质说

孩子长到五六岁，开始对自己的身体产生无穷的好奇。好奇的表现之一，就是玩弄自己的身体器官。如果父母仔细观察就会发现，这个年纪的孩子不仅喜欢玩弄生殖器，还喜欢玩弄自己的手指、脚趾、耳朵、肚脐、舌头等等。

这种好奇心是孩子在成长过程中的正常心理表现，它会推动孩子的成长。玩弄身体器官本身，会给孩子带来某种自然的快乐。

可以说，这个年纪的孩子玩弄生殖器是很正常的现象，甚至是成长过程中的一个必经阶段。父母完全不必为之大惊小怪，更不能怒不可遏，不能把孩子这种自然的行为看成是“犯罪行为”，看成是大逆不道，并责骂孩子。父母严厉、不当的处理方式，会对孩子以后的心理发展造成很大的障碍。心理学的临床研究表明，很多成人在性心理方面出了问题，究其根源，与父母错误的干预有很大的关系。

父母要试着去理解孩子这种探寻自己身体的好奇心，并且应当相信，在没有过度干预的情况下，孩子自身会有一种“自我治愈”机制。也就是说，孩子对很多事物的好奇都有一个阶段性，过了这一阶段，就会自然消失。例如我们谈到的这个玩弄生殖器的问题。

虽然孩子玩弄生殖器是正常现象，但也不能听之任之，父母要对孩子的行为进行合理的引导。因为，孩子玩生殖器时，他的手可能是不卫生的，很容易造成生殖器炎症。另外，不能让孩子沉溺于玩弄自己身体的游戏，父母需要帮助孩子转移注意力。比如，跟孩子一起玩游戏，带孩子参加户外活动，让孩子去跟不同年龄段的伙伴交往。让孩子穿宽松的衣裤，避免过紧的衣裤对孩子的身体产生强烈刺激。同时也要避免孩子过早地接触成人化的电视、电影。还有一些专家建议，如果父母看到孩子正在玩生殖器，不必斥责，要用一种比较严肃的眼神盯着他，直到孩子不再玩弄。

看见孩子们围在一起玩弄生殖器时，其实也是一次性教育的机会。成人可以大大方方地走过去，严肃认真地对孩子们说："记住啊，小孩子的短裤、背心裹着的身体部位，是不允许别人触摸的，而且，你们也不能触摸别人的这些身体部位。"

当然，有时候父母跟孩子讲这些道理，并不能让孩子立刻改正自己的行为。此时，父母需要有耐心，不要总是抱怨孩子屡教不改。"屡教不改"，首先只能说明孩子本身对此有强烈的好奇心；其次，孩子对这个事情的认知还未到位，还需要父母的耐心引导；最后，也许孩子已经在改了，只不过还没有达到父母所期待的那个效果，因而也会被认为是"屡教不改"。

另外，还有一个非常重要的问题。在缺少父母陪伴的情况下，孩子跟小伙伴们一起玩游戏时，由于缺少父母的监督，因此孩子很容易把日常的过家家游戏升级为相互玩弄生殖器的游戏。还是那句话，孩子不在父母身边，就更可能处于危险之中。

问题 *34*

七岁的儿子谈恋爱了，怎么办

家长问 我儿子今年七岁，上二年级。有一天他告诉我，他恋爱了。女孩是同班同学，性格开朗，也很喜欢运动，身体素质很好，是班上的体育尖子。女孩先说喜欢他，还亲了他。当然，儿子也很喜欢她。他说他们要一起好好念书，上同一所中学。我一直觉得这只是孩子间纯真的好感，不忍心扫儿子的兴。可是，我该怎么引导儿子的这种情感呢？

广东省　尹宸琛

文质说

从这个问题可以看出，妈妈与孩子之间的关系还是很好的。因为孩子愿意跟妈妈交流自己的心事。有时候孩子与妈妈交流，并不需要妈妈拿出参考意见，只是“有这么一件事”，想和妈妈分享。

前不久，有一位家长问我，他家孩子在班上被人打了后，都不愿意跟他说，怎么办。实际上，可以将孩子不愿意说的事情分为两种：一种是孩子认为不重要，父母认为重要的事情；另一种是孩子和父母都认为重要的事情。

前一种比较常见，因为父母跟孩子的认知是有差异的，所以，对于孩子没有告诉父母的那些事情，父母也不必太过在意。后一种意味着孩子明明知道要跟父母说某件事情，但最后却没说。这就需要父母去反思：当孩子跟父母倾诉的时候，父母是怎么回应他的？如果孩子一跟父母倾诉，父母就觉得他说的那些毫无意义，甚至斥责孩子，那么这样的斥责、冷落很可能导致孩子再也不会找父母倾诉了。

我比较欣赏案例中这位妈妈的冷静。孩子向她倾诉时，她一边微笑着倾听，一边思考该怎么回应孩子，甚至还担心不当的回应方式会伤害孩子。对于孩子而言，父母的倾听是最重要的。

从另一个角度来说，这个男孩的心态也是比较健康的。他可能并不知道“恋爱”到底是怎么一回事，还能跟妈妈轻松地谈论这一话题。从心智成长的角度来看，他的心智并没有超出自己的年龄阶段。在他眼中，“恋爱”只是比一般的同学关系更为亲密的男女同学关系。

难能可贵的是，妈妈还从这件事情中看到不少对孩子成长有利的地方——两个孩子约定要一起好好读书，好好成长。这样纯真而美好的期待，不仅能够滋养孩子的成长，而且能为孩子提供向上的动力。父母万万不能以一种过于成人化的方式对待孩子的情感萌动，因为这种情感的萌动是人之常情。尽管因为个体的不同，有些孩子会早熟一些，有些孩子会晚熟一些，早熟和晚熟的孩子大多都在正常范畴内。在小学阶段，女孩往往会比男孩更成熟，更主动，仿佛是女孩在推动男孩成长。

一些父母在处理异性交往、性教育等问题上，总是以孩子还小，还不懂事，或者以自己说不出口为由，不愿意跟孩子正面谈论这些话题。而一旦孩子开始跟异性交往，父母往往感到很恐慌，转而变得很愤怒，习惯以一种粗暴的方式去遏制孩子之间的交往。这种糟糕的方式，甚至会影响孩子正常的心理情感发展。

用简单地讲道理的方式引导孩子的情感，不太容易达到效果。我建议父母用故事来引导孩子。我听过一个故事，颇有借鉴价值。故事讲的是，有一个小男孩，放学回家后跟妈妈说，他爱上了同班的一个女同学。妈妈很惊讶地说：“那很好啊。

你为什么爱她呢？”男孩就跟妈妈诉说那个女同学的好，还说要娶她。妈妈说：“那你现在怎么娶她呢？”孩子也开始纳闷了。是啊，怎么娶她呢？最后妈妈跟他说：“你要努力学习，做个好孩子，等你长大了，有能力了，她也觉得你很好，愿意跟你一起生活，你就有条件娶她了。”

孩子在妈妈的引导之下，也会有自己的领悟。这样既保持了男孩对女孩的好感，又不会让男孩迫切地想“我现在就要得到她”，不用整天为这件事情烦恼。实际上，父母恰当地引导孩子，就会促进孩子成长。

问题 35

为什么男孩想整容成『都教授』

家长问 我看到这篇名为《初三男孩看完〈来自星星的你〉欲整容成“都教授”》的报道时，感觉特别荒唐，又非常疑惑，真的不明白现在的孩子到底是怎么了。为什么这个男孩会如此痴迷“肥皂剧”，还想整容成“都教授”？请问张老师，我们要怎么引导孩子形成正确的价值观呢？

吉林省　曹咏梅

文质说

这篇名为《初三男孩看完〈来自星星的你〉欲整容成“都教授”》的报道，令人吃惊的不是报道中陈述的事实，而是在这个事实背后，我们能够看到父母对孩子的纵容。孩子有强烈的意愿，想把自己整容成“都教授”的样子。这是一件挺荒唐的事。由此我们推断，孩子的家庭生活肯定也很荒唐。

形成这种荒唐的家庭生活可能有以下两个原因：一是父母不在孩子身边（包括隔代抚养或寄养），对孩子有很强烈的亏欠心理，对于孩子的一些奇奇怪怪的想法，父母总是尽可能去满足他；二是孩子生活在三代同堂的家庭里，“集万千宠爱于一身”，家人无法形成一个教育孩子的共识，使得孩子从小就是一个小霸王。

一个十几岁的孩子，竟然对“肥皂剧”如此痴迷，这说明整个家庭根本就没有阅读氛围，而在亲子关系、亲子交流方面肯定也存在很大的问题。在孩子的成长方面，父母没有进行任何有价值的引导。即使有引导的话，其引导方式也可能是非常粗暴，甚至是病态的。

说到亲子沟通，我经常会想到孔子。在《论语》中，我们可以看到，孔子教导不同的弟子用不同的方式。为什么？因为孔子的内心非常清楚，在提出教导的方法之前，必须先诊断出问题的症结所在。同时，不同的学生有不同的个性，这也要求孔子对待他们的方式有所不同。在亲子沟通的问题上，父母需要做到前者——必须先诊断孩子的问题。

问题恰恰就在这里。在上述这样的家庭里，父母往往都没有耐心，也没有能力去处理孩子提出的各种各样的、奇奇怪怪的问题。

一些年轻的家长通过网络和书籍接收了很多新的家庭教育观念，想要给孩子一个自由、快乐的童年，但他们忘了一点，自由和放任自流是有本质上的区别的。像报道中的这个孩子，他今天想整容成“都教授”的样子，明天也可能想整容成其他明星的样子，他会有很多离奇的想法。这个孩子没有得到正常的管教，放任自流，为所欲为，脾气古怪。

如果一个孩子总是想做一些最时髦、最刺激、最炫的事情来满足自己的虚荣心，而父母却不加以引导，那么，随着孩子年龄的增长，父母对孩子的掌控力就会越来越弱。任孩子想挖什么坑就挖什么坑，父母最终肯定会掉进这个坑的。

其实，单单从保护未成年人身心健康的角度来讲，父母就应当尽量引导孩子远离这类极具危险的事情。

我一直提倡，在孩子 13 岁之前，父母一定要管教从严。这个“严”就是要严在原则上。所谓的原则，就是父母要让孩子做一个正常的人，父母要让孩子过一种健康的生活，要用一种大家普遍认可的价值观来引导孩子。

问题 36

妈妈，你为什么没有死

家长问 我女儿上幼儿园了。她特别喜欢看《白雪公主》。有一次，她就问我：“妈妈，白雪公主的妈妈生完白雪公主之后就死了，为什么你生了我以后还没有死？”我该怎么回答孩子的这个问题呢？

湖南省 李晓霞

文质说

有很多父母忌讳说“死”这个事。当孩子提出死亡的问题时，妈妈往往加以斥责：“你怎么诅咒妈妈死呢？”其实，孩子不是诅咒妈妈死。而是因为她看白雪公主的妈妈生完孩子以后就死了，所以，孩子就认为所有的妈妈生完孩子以后都会死。而现实情况是妈妈生完孩子后没有死，这是孩子不能理解的地方。

其实，在童话里，白雪公主的妈妈生完她以后，确实死了，但不等于现实中所有的妈妈生完孩子后都会死。这一点需要妈妈告诉孩子：“你去看一看，是不是其他小朋友的妈妈生完孩子之后都活着呀？”要让孩子建立一个正确的认知。虽然有一些妈妈由于种种的问题，生完孩子后不幸去世，就像白雪公主的妈妈一样，但不等于这件事情会发生在所有的妈妈身上。

孩子为什么会关心这个“死”的问题呢？“死亡”是一个重要的人生话题。其实孩子已经知道世界上有“死亡”这件事，比如白雪公主的妈妈就从世界上消失了。但是对任何一个小孩子而言，“死”到底是怎么回事，他是不知道的。当这个孩子向妈妈询问的时候，这里面不含有任何的坏心眼，更多的是天真与童趣。她知道有这个“死”的存在，但是不知道“死”的真相。所以父母需要跟孩子讲解“死亡”的秘密。但是，父母要如何讲述这个话题呢?

几年前我曾经到电视台参加过一次辩论。辩论的另一方认为不应该过早地对孩子进行“死亡教育”,而我主张对孩子进行“死亡教育”。在辩论刚开始的时候,因为支持对方观点的人数占百分之七十,所以支持我观点的人数是非常少的。而我的观点是什么?就像这个小朋友一样,她本身就知道世界上是有“死亡”的。虽然她不清楚“死亡的秘密”,但是,她已经知道“死亡”这件事情。父母可以向孩子普及一下知识,让她知道这个“死亡”是真实存在的,但不是每一个妈妈生完孩子之后就一定会“死亡”。要让她知道这个“死亡”意味着什么,这对孩子的成长是有利的。

“死亡教育”更为重要的作用是帮助孩子理解“死亡”,爱惜生命,爱惜自己,有效地规避各种危险。这一点很重要。一个九岁的孩子,跳楼自杀。在跳楼自杀的当天,他还问班上的同学,人死了以后会不会疼。实际上他对“死亡”是完全无知的。正因为无知,他对“死亡”就不会有恐惧。其实对“死亡”没有恐惧并不是一件好事情。正常地恐惧“死亡”有助于我们去理解“死亡”,让我们有意识地去避免各种伤害。这是人在成长过程中的必修课。

跟孩子讲解这个“死亡的秘密”时,父母不用担心会增加孩子的心理负担。其实,我们去接纳“死亡”,我们去理解“死亡”,这是我们精神成长非常重要的一部分。而必要的“死亡教育”确实会加深孩子对生命意义的理解。实际上,也正因为有“死亡”,“活着”才显得那么美好。珍惜亲情与友情,珍爱生命。

问题 37

大宝一气之下就出走了，怎么办

家长问 我有两个小孩。大宝读三年级。有一次因为两个孩子在超市吵架，我就骂了大宝，说他老是这个样子，那就走吧，我不要他了。结果，大宝一气之下真的就走了。我以为他很快就会回来，也没有太在意。但是大宝很长时间都没有回来。以前他从来没有出现过这样的情况。我被吓坏了，找邻居和朋友帮忙寻找，最后还报警了。所幸，后来孩子还是回来了。然后，我开始反省。可能我自己以前真的没有在意过这些问题。在处理大宝和小宝的问题上，我有很多处理不当的地方。要怎么去平衡大宝和小宝之间的关系呢？

云南省 张媛媛

文质说

随着二孩政策的实施，新的家庭教育问题出现了。针对这一问题，我认为有以下几个教育的原则。第一个原则，统一的评判标准。不能因为他是大宝，就更严格地要求他，也不能因为他是小宝，就可以更宽松地要求他。对的，都是对的；错的，都是错的，不能按年龄大小来评判是非。这对二孩家庭来说，是最重要的原则。

第二个原则，父母不能当着小宝的面批评大宝。如果当着小宝的面批评大宝，会对大宝的自尊心造成很大的伤害。

第三个原则，父母有时候需要私下对孩子进行批评教育。即使父母再生气，也不能在商场等公共场合批评孩子，尤其不能说“你走吧”。父母需要学会克制，即使孩子做错了，也要回家后再批评孩子。回家之后，父母要单独跟孩子沟通，细致地了解孩子的情绪状况，然后再跟孩子讲道理，该批评的批评，该惩罚的惩罚。

二宝的到来，使家庭结构发生了改变。原本是独生子女的大宝，突然面临着父母的爱被小宝分走的局面，他会感觉很失落。所以，父母需要有意识地去抚慰大宝那颗受伤的心。

如果父母将所有的心思都放在那个小的孩子身上，大宝会很失落。所以，父母要学会安抚大宝。可以对大宝这样说：“其实妈妈最喜欢的人还是你，妈妈最疼你了。妈妈为什么还要生个弟弟呀？因为你能帮助妈妈。以后这个家还是要依靠你的，弟弟也是要依靠你的。”父母一定要把大宝捧得很高，让他处在一个很骄傲很自豪的状态。这样大宝就会很有责任感，也会很愿意管教弟弟。

在教育孩子的过程中，当两个孩子都在场的时候，只要大宝做对了，父母就要大力表扬大宝。当大宝稍微做错了一点，父母可以小心提醒，而不能严厉批评。父母可以跟小宝这样说：“你要尊重你哥哥，哥哥很爱你，你要配合你哥哥，妈妈也很爱你。养育两个孩子的负担很重。可是妈妈为什么还要生你？因为太爱你了。你要跟哥哥好好配合，哥哥对你多好。”

父母可以再跟小宝具体描述一下大宝到底有多好。这样做的目的就是要让两个孩子之间的关系变得更亲密，慢慢形成这样一种关系：大宝管教小宝，小宝服从大宝，大宝疼爱小宝，小宝敬重大宝，而不是大宝和小宝一直在争夺父母。如果大宝觉得父母偏心，或者觉得自己怎么这么倒霉，事情就不好处理了。

教育孩子需要策略。教育孩子也要有禁忌。父母千万不要说“你走吧”“你有本事就自己去处理吧”“你有本事就跳吧”。有的孩子就真的跳下去了。父母千万不要用这种考验式的，或者诅咒式的，又或者放任式的教育方式。这些教育方式只能说明父母缺乏教育孩子的能力，缺乏爱孩子的能力。

所以，要做一个坚强的妈妈，做一个有智慧的妈妈，也要做一个冷静的妈妈。不要不分场合急着处理孩子的问题，把孩子带回家再处理问题也不晚。还有，当孩子在外人面前生气或发脾气时，父母不要觉得没面子。要知道面子不值钱，生命才值钱，生命才珍贵啊。

父母只要做错了，就要跟孩子真诚地道歉。喜欢孩子就要去拥抱他、赞赏他，形成良好的亲子互动关系。有时候，父母不用给孩子讲太多道理。当孩子发脾气时，父母把他抱过来亲一下，安慰一下，就可能把事情都解决了。

问题 *38*

孩子被奶奶宠坏了，怎么办

家长问 我的儿子今年八岁了。因为孩子的爷爷奶奶跟我们住在同一幢楼，所以，孩子从小就由奶奶带。孩子现在还要奶奶喂饭、穿衣，也没有时间观念。我感觉这样的生活习惯已经影响到孩子的学习了。我有些着急，不知道该怎么办。

湖南省　龚维

文质说

孩子都八岁了，还需要奶奶喂饭、穿衣，需要奶奶帮忙。这是一位妈妈提出来的问题。我首先想问问这位妈妈：她在为孩子做什么？她从什么时候开始把孩子的事情都交给奶奶了？问题的源头肯定不在奶奶这里，而是在妈妈这里。因为妈妈没有尽到责任，袖手旁观，把管教孩子的责任推给了家人，几乎成了甩手掌柜。现在发现孩子有问题了，这位妈妈开始着急。

当然，孩子都先从需要别人喂饭开始，再学会自己吃饭。从实际效果来看，喂饭至少可实现三个效果：第一，孩子会吃得更快一些；第二，孩子会吃得更多一些；第三，孩子吃饭的时候，不会弄得到处都是饭粒，地面会更干净一些。

从自然发展的角度来说，在一岁半到两岁左右，孩子开始有独立的意识。孩子会走路了，会说话了，紧接着他就会提出自己的要求。比如，孩子要自己走，要自己拿东西，要自己喝水，要自己吃饭。这个时候总会出现一些麻烦的事，比如，孩子把水洒了，把碗弄破了，甚至有时候还会去触碰一些有一定危险的东西。父母不能因为关心孩子的安全，担心孩子出差错，嫌孩子自己吃饭的速度慢，吃得饭量少，就限制孩子，约束孩子，甚至剥夺孩子自由成长的权利。

孩子在上幼儿园之前，就应该在家里学会一些基本的生活技能，比如自己大小便，自己喝水，自己吃饭，等等。总的来说，父母要满足孩子的需求，同时鼓励孩子独自完成自己的事情。

一开始，孩子会吃得比较慢，父母需要不断鼓励他，指导他，慢慢地，孩子吃饭的速度就快了。即使孩子吃得满桌子都是饭粒，也不要紧，孩子不会一直这样。吃饭也需要练习。虽然一开始孩子做得不好，但是，在练习的过程中，孩子就会自己吃饭了。所以，父母一定要记住，要让孩子自己成长，而不是代替孩子成长。包办、代替、约束只会剥夺孩子该有的成长机会。

八岁的孩子还需要喂饭，还要奶奶给他穿衣服。这位妈妈还觉得奶奶管得太多了，爱得太多了。这位妈妈又做了什么呢？父母就应该承担管教孩子的责任，同时要有耐心，帮助孩子成长，在适当的时候还要及时放手让孩子自己成长。

当孩子出现了问题后，父母要怎么办呢？父母一方面要跟孩子讲道理，让孩子自己承担责任，不管孩子愿意不愿意。同时，要对孩子的进步给予及时的鼓励。另一方面，父母要做奶奶的工作。当然，父母不能一下子就把奶奶原来承担的工作都否定了。所有的付出都是有意义的，都是有价值的。所以，要跟奶奶做好沟通，而沟通最重要的前提就是要先肯定奶奶原来做的工作，感恩她这么多年的辛苦付出。事实上，孩子除了动手能力差一点以外，体质不错，跟奶奶的感情也不错，这些都是值得肯定的地方。在这个肯定的基础上，再跟奶奶协商，让奶奶把成长的权利还给孩子。比如，鼓励孩子在学校吃午饭，跟小伙伴出去玩，参加暑期的夏令营，等等。只有把权利还给孩子，孩子才能更好地成长，不至于成为被同学取笑的对象。

父母的工作是促进孩子自我成长。当一个家庭出现了问题时，家人不要相互责怪，不要把责任都推到另一方，而是要协商解决问题，调整家庭的状态。当然，可以跟孩子强调，奶奶十分辛苦，奶奶现在需要休息。我觉得按照这种思路去引导孩子，孩子很快就能调整过来。实际上，因为孩子早就具备了一些能力，所以父母可以放手让孩子自己去成长。

性格篇

问题 *39*

孩子听老师的话，不听家长的话，怎么办

家长问 我的孩子上小学二年级。自从上学后，他常挂在嘴边的一句话就是“我老师说……”他也经常因为在学校表现好受到老师表扬。但是回到家里后，孩子就判若两人，几乎不怎么听父母的安排。我很疑惑：孩子为什么那么听老师的话，而不听家长的话呢？我该怎么做呢？

黑龙江省　吴彩凤

文质说

很多父母会有这样的疑问：孩子在学校表现很好，怎么一回家就表现不好了呢？其实，对于孩子在家里表现不好的方面，父母需要观察和分析。

孩子在学校里面，肯定要遵守学校的纪律，包括学习的纪律、休息的纪律、课间的纪律等等。说实在的，在学校这样一个特殊的成长环境里，很多孩子确实做得不错。

但是，家庭不同于学校，家庭总是比学校更柔软一点，散漫一点，随性一点。家庭也是让孩子能够撒娇、能够放松、能够淘气的地方。这恰恰就是家庭特有的一种状态。如果要拿家庭跟学校比的话，家庭总是要更柔软一些，学校则要更刚性一些。如果要拿父母跟老师比的话，父母更关心孩子的生活，而老师更关心孩子的学习。

学校的功能和家庭的功能，老师的角色跟父母的角色，就是有不一样的地方。有的父母会觉得孩子怎么那么听老师的话，却不听自己的话。父母先不要着急。孩子听老师的话是一件好事情。孩子喜欢学习，喜欢学校，喜欢同学，喜欢老师，这恰恰说明孩子有一种内在的推动力，希望自己变得更美好、更强大。

那么为什么有时候孩子不太听父母的话呢？我觉得父母需要分析原因。孩子之所以听老师的话，是因为对于老师的专业要求，他认同，他执行，他从中获得成就感。反过来，要分析：是什么原因让孩子不愿意听父母的话？是不是对于所有的事情，孩子都不听父母的话，还是有一些事情孩子听，有一些事情孩子不听？又是从什么时候开始，孩子不听父母的话？平时父母是怎么跟孩子交流的？父母会像老师那样注意表达技巧和鼓励方式，注意孩子的情绪变化吗？

父母只有去做分析，才会明白，到底原因在哪里。原因是在孩子身上，还是在父母身上？如果是在父母身上，父母需要改进。如果是在孩子身上，父母也需要改进。父母怎么说，孩子才愿意听，父母怎么听，孩子才愿意说，父母怎样表达，孩子才乐意执行，孩子执行后，父母该怎样鼓励孩子，这些都是父母要分析学习的。

当孩子不听话，家庭存在很多的问题时，父母需要在家庭里面还原问题。有时候是因为家庭的氛围差，家人缺少共识，家庭缺少权威，缺少主心骨，家庭里的各种教育方式互相干扰，孩子不知道要听谁的话。如果父母用比较粗野、比较简单、比较随意的教育方式，不尊重孩子的感受和自尊心，伤害了孩子，那么孩子怎么还会听父母的话呢？有时候，如果父母过于急切地想要改变孩子，总是爱把孩子跟其他优秀的孩子进行比较，那么孩子也容易产生反感，不太听父母的话。

当然，父母需要有这样的认知。孩子上学之后，确实要遵从教师这个权威的角色，实际上这标志着孩子的成长。孩子从父母身上得到的大多是亲情，从老师这里得到的是知识的引导和向上的力量。孩子遵从老师的指点，这其实是孩子成长的过程。孩子之所以不听父母的话，有可能是因为父母对待孩子的方式有问题，也可能是因为孩子成长了，父母却没有成长。这些情况同样需要父母反思。父母要随着孩子的成长而成长，要跟着孩子共同成长，甚至有时候父母要走在孩子的前面，引导孩子成长。

问题 40

父母没有『存款』，怎么爱孩子

家长问 我听张文质老师说过这样一个观点：“童年时获得够多的爱，孩子一生都不会缺爱。只要爱的‘银行’里存款够多，就能够在举手投足间，洒向人间都是爱。”请问张老师：如果在童年的时候，父母没有给够孩子爱，怎么办呢？如果“银行”的存款是负数呢？没有爱的“存款”的人，怎么付出爱呢？

辽宁省 李静

文质说

我有一个观点，就是“童年时获得够多的爱，孩子一生都不缺爱”。我还用了一个比喻的说法，爱就像在银行里存钱一样，存够了钱，你一辈子都不缺，可以随时从那里源源不断地取出来。

这个观点引起了很多父母的反思。有一些孩子在童年时没有得到足够的爱和陪伴，与父母的情感融洽度也不够。有些父母就因此着急了。如果童年时给孩子的爱不够，那么现在父母该怎么办呢？最简单的说法就是童年时给孩子的爱不够，现在赶快补啊。

也就是说，父母一旦意识到给孩子的爱不够时，就需要改善，需要调整，需要加强。有一些父母觉得跟孩子之间比较生疏。有时候孩子也不能够接受父母的爱，甚至会觉得很别扭，一下子就躲闪开了。这个时候，父母不要泄气，不要浅尝辄止，不要觉得孩子跟自己生分，甚至有敌意。其实，只要父母真正用心去改善，就可以化解跟孩子之间情感的隔膜。

当然，还有另外一种情况。父母因为种种原因把孩子放在奶奶家、外婆家或者保姆家，孩子就跟自己的父母变得特别生疏。就像一位妈妈说的，大的孩子是自己带，小的孩子是交给别人带。结果，小的孩子就像是别人家的孩子一样。等妈妈下班回来，这个小宝宝居然跟姐姐说："姐姐，你的妈妈回来了！"这位妈妈听了后，很难过。我也觉得很难过。

原本母子之间的亲情是美好、甜蜜的，但是，这种情感在那个小宝身上却没有体现出来。这个时候妈妈怎么办呢？当然，妈妈不能生气，不能嫌弃，也不能光流眼泪而不去改善。妈妈真的要特别用心地去改善、去调节和孩子之间的关系。

孩子越是冷漠，就越需要父母给予更多的关注。一次不行，再来一次，一直到母子关系有所改善为止。否则等孩子长大后，在他的心里，在冷漠的背后，他是有怨恨的。在适当的时候，父母应该告诉孩子当时的困难和自己行为上的偏差与错误。就是说，只要父母做错了，就要跟孩子道歉。也许孩子一直在等着父母表达一下歉意。有时候父母的一滴眼泪就可以融化孩子内心里那座非常庞大的冰山。父母要有勇气、有胸怀、有能力，先妥协，先道歉，主动地去跟孩子达成和解，去拥抱孩子。我们要做这样的父母。

即使孩子在童年的时候缺了爱，也是可以弥补的。父子之间，老父亲垂垂老矣，儿子已人到壮年，由缺爱导致的父子关系差，也是可以弥补和修复的。就像现在，我在跟父亲相处的过程中，能体会到我父亲的心情。我父亲宠爱自己的孙女，一方面是因为对孙女的爱，而另一方面，其实也是因为对我的某种补偿。我父亲意识到过去欠我的东西，现在用这种方式来补给我，这在他对我的态度里面也都能慢慢地感受到。应该说，这是人具备的一种普遍的理解力。只要你这么去做，你的孩子就能感受得到。虽然不能从根本上彻底改善父子关系，但这么做也总是有意义的。

一个朋友的孩子在小的时候被送回老家由老人带。孩子接回来后，朋友又经常出差，所以，孩子跟朋友之间有隔膜，很容易跟朋友发生冲突。我跟朋友说："这个孩子身上是有怨恨的。今后当孩子遭遇失败时，他很容易把自己童年时期缺乏父爱当成失败的核心原因。也就是说，他更容易从外部找原因，而不是从自己的内部找原因。这是一个很大的麻烦。"

只要我们意识到了这个问题，就要马上去行动，不要有任何侥幸心理，不要觉得事过境迁就没有意义了。其实，所有的努力都是有意义的，只是有时候成效会明显一些，有时候会慢一些，甚至有时候看上去好像没有成效。但是，所有爱的表达、爱的付出都是有意义的。

我曾跟我女儿聊过一个词，叫"功不唐捐"。这是一个佛家的词语，原来是叫"福不唐捐"，意思是一个人所做的功夫，所付出的努力，都不会白白地付出，所有的付出都是有意义的。我觉得这个词能够很好地表达我的一个建议和对大家的祝福。让我们都成为改善者。让我们都成为爱的付出者。我们要相信，在付出的同时，我们一定会得到更多的爱，我们的家庭也会变得更加幸福和美满。

问题 41

我们为什么要鼓励孩子大胆表达

家长问 我是一位“70后”母亲。小时候，我的父母经常要求我要听话，不准顶嘴。而现在的孩子却被鼓励大胆表达。为什么会有不一样的教养方式呢？这两种不同的教养方式又会导致怎样不同的结果呢？

山东省 孟庆功

文质说

我曾经听过一堂写作课。最后我在点评的时候这样说："一般而言，写是比说更难的一件事情。所以，我们写作教学的重点当然是在写上。但是，在课堂上，在家庭生活中，从孩子的成长角度而言，写作需要有一个过程。这个过程就是从说到写的学习过程。"

我们有时候会认为，写作不好，是因为写的训练不够，读的训练也太少。但往往会忽视另外一个问题：说的训练是不是足够呢？我们是不是给了孩子更多说的机会，让孩子养成自由表达、乐于表达的习惯呢？总体而言，我们很多人都不太善于说，这是一个普遍的状况。

当然，我刚才说的是学校教育的问题。我们再来看看家庭教育存在的问题。实际上，说的欲求是人天性的一部分。人的嘴巴本来就是用来说话的。这里面根本就不存在大人要孩子说，孩子才能说，大人允许孩子说才能说，大人鼓励孩子说才能说。更重要的前提是，我们要尊重孩子说的需求。在家庭里面，亲子之间的相互交流应该是家庭文化的一部分。

我们需要尊重儿童的天性，促进儿童说能力的发展，让儿童行使自由表达的权利。一个人善于表达，乐于表达，语言表达流畅，富有逻辑和深度，这是一种非常重要的素质。

父母应该自觉地去促进孩子语言能力的发展。很多父母不了解孩子说的需求，他们认为：让孩子说时孩子才能说，让孩子说多久，在什么场合说，都有相应的要求。在生活中，有这样一类人，笨嘴笨舌，说话时战战兢兢。很显然，这些大都是父母过多限制孩子说话的结果。

这个问题让我想起我小的时候。我父亲经常跟我说："你就光听，不该问的就不要多问。"实际上，这个要求给我造成了比较不好的影响。比如，我对很多问题好奇，很想问个明白，或者很想跟人交流，但一想到父亲的提醒，我就有意克制。我是好不容易才挣脱这些家庭文化的阴影的。

当然，现在的我比较善于倾听，可能跟从小就养成了倾听的习惯有关。但是，在我自己孩子成长的过程中，我一直是鼓励她说的，一直是乐于听她说的。这里面也包含了一个很重要的问题，就是父母怎么听，孩子才愿意说，父母怎么说，孩子才愿意听。当然，这也是我一以贯之的立场。在这个立场背后是尊重，是家庭成员之间人格的平等。父母通过鼓励的方式使得孩子更有勇气表达，更喜欢表达，更生动地表达自己的观点。

一个人的能力总是缓慢地发展起来的。这又呼应了我经常提到的另一个观点，就是慢慢地快。从语言能力的发展来说，孩子一开始说时难免磕磕巴巴，有时候会显得词不达意，这些都是正常的表现。所以，父母更需要有耐心，更需要积极地去鼓励，更需要非常耐心地去倾听。

父母再忙，如果能放下手中的活就应该放下来，如果不能放下手中的活，那就要给孩子一个说法，告诉孩子："我现在很忙，对不起，我等会儿再来听你说，和你交流。"父母积极地鼓励，耐心地倾听，尊重孩子表达的欲望，应该是非常重要的家庭文化。

问题 *42*

家长要不要支持孩子追星

家长问 我的孩子今年九岁了，非常喜欢明星鹿晗，不仅追剧，关注鹿晗的各种活动公告，还开口闭口都是鹿晗，一脸崇拜、痴迷的样子。我不知道他的这种状态是否正常。作为家长，我该不该支持孩子追星？或者要如何引导孩子才好？

福建省　刘中杰

文质说

元旦跨年的时候，我们举办了一次阅读活动。一些妈妈带着小朋友来参加。那天，有两个小朋友都是九岁，还是同班同学。他们是来表演节目的，后来也参与到我们的话题讨论中来。

两个小朋友都喜欢鹿晗，还跟我们探讨起追星的问题。其实关于追星的问题，这几年经常会有家长向我咨询。因为那两位小朋友的年龄都是比较小的，只有九岁，都是男孩。所以，我就比较好奇。我问："你们班上有多少同学喜欢鹿晗？"他们异口同声地说："基本上都喜欢吧。"我说："有没有不喜欢的？"他们说只有两三个比较笨的人不喜欢。当然，这是一句带有玩笑性质的话。

他们认为，喜欢鹿晗的同学占大多数。我就接着问他们喜欢鹿晗什么。当然，孩子说了很多鹿晗好的地方，都比较正面。两个小朋友的妈妈都谈到，开始的时候，她们都不知道鹿晗是谁，也都觉得这么小的孩子追星不太好，后来又觉得，他们所谓的追星好像也没有什么不好，没有影响到他们的学习和趣味，也没有影响他们的性格，等等。然后，两个妈妈也开始关注鹿晗。她们觉得只有这样才能跟孩子有共同语言，才能一起交谈。否则孩子会觉得妈妈太不会聊天了，跟妈妈聊不起来。其实，就是指没有共同语言。

一个小朋友说，他爸爸从来不关心这些，也不知道跟他聊什么，每次都是聊学习。他也会装作很认真听的样子，然后告诉妈妈，这个爸爸太无趣了。小朋友会按照自己的评判标准来判断一个人有趣或无趣。父母是否关心他所关心的事情，以及对他喜欢明星这个事情是什么态度，这些对孩子来说很重要。我们通常认为“追星”是一个有争议甚至有点负面的词。但如果换一个说法，比如喜欢明星，关注自己喜欢的明星，是不是更合适一些？

对待孩子追星的问题，有的父母会特别紧张，他们觉得明星可能会带给孩子一些负面的影响，尤其是那些花很多时间追星的孩子。比如我认识一个高中生，他就花了很多的时间来研究某个明星，学业上受到了一些影响。因为父母用比较简单粗暴的方法来制止他，所以，他和父母之间对立得特别厉害。当时，他之所以向我咨询，是因为他妈妈跟他有一个多月的时间都没说过话了。俩人即使在同一个屋子里，也不说话，原因是他喜欢的那个明星的团队给他寄的资料，被妈妈截留了，母子俩起了比较大的冲突。

我倒是会比较乐观、比较正面地看待追星这件事情。我们人人都有自己的喜好，比如喜欢某个明星，喜欢某个体育项目，或者其他的特殊爱好。其实一些明星是很阳光、很帅气的，又有自己的专长，还特别有亲和力，让孩子们能够喜欢他们。对于喜爱的偶像，我们就会经常关注他，从他身上吸取一些很积极、很正面的力量，这确实也是一件很好的事情。

当然，有时候我们也会看到一些比较病态的追星方式。这个病态的行为本身，往往跟孩子从小缺爱、缺陪伴、缺鼓励、缺自信、缺自我有关。因此，他在追星的过程中投射的方式是比较病态的。不是说追星病态，而是说追星的方式。这种投射的方式和意欲达到的目标都是有问题的。

我觉得父母参与到孩子的生活中来，是一种比较积极的处理方式。父母只有参与到孩子的生活中来，才能跟他对话，才能和他深入地讨论，才能形成共同的话题，才能正面引导孩子。

父母不要老觉得自己是一个指导者，是一个更高明、更有见解、更有权利的人。如果孩子不跟父母对话，也不让父母知道他在做什么，那么父母就不了解他，就不知道问题所在。父母了解孩子后，可能所谓的问题根本就不是问题。有时候父母所恐惧的东西并不是孩子身上已经存在的问题。父母恐惧的只是自己，恐惧失控，恐惧把握不住，恐惧自己的判断。当然，父母也恐惧这一切所导致的不良后果。但是父母要明白，用消极的、敌对的方式，去干预、去制止、去武断地剥夺孩子的各种爱好和权利，这是非常错误的做法。

问题 43

孩子太黏人，太娇气，怎么办

家长问 我家孩子三岁了，每次从幼儿园放学回家都要我抱着。孩子非常黏人，是不是太娇气了？

广东省　程锐刚

文质说

小朋友刚三岁，上幼儿园小班，当妈妈来接他的时候，总是要妈妈抱着回家。妈妈就觉得小朋友太黏人了，太娇气了，不利于小朋友的成长。说实在的，我们有太多的育儿理念。有人要富养子女，有人要做狼爸，有人要做虎妈。那么，到底要用什么样的方式对待孩子呢？很多父母对此都特别困惑。父母一困惑，就会对孩子的行为方式过度敏感。就像这个孩子，刚上幼儿园，妈妈来接他，他对妈妈表现出来的这种亲昵和依恋，就让妈妈很担心。因为别人的孩子都不这样，自己的孩子怎么就会这样。还有一个担心，就是孩子会不会一直这样。

一般来说，这两点都是因为父母有点多虑了。孩子上幼儿园可是一件很大的事情，它标志着孩子开始真正地跟母亲分离。早上送孩子去，傍晚接孩子回来，妈妈感觉只过了一天。但是对于孩子来说，他跟妈妈分离了很长的一段时间。这是一个全新的开始，是孩子全新的生活形态。他要跟别的小朋友，跟幼儿园的老师，在完全陌生的环境里开始成长的历程。可以说，每个上幼儿园的孩子都经受了很大的心理考验。父母不要低估这种心理考验的难度。有一些孩子，不适应幼儿园的生活，哭哭啼啼，与妈妈难舍难分。其实这是一件很正常的事情，因为并不是每一个孩子都能很快适应幼儿园的生活。

父母要学会理解。理解是一件很困难的事情。父母要关注孩子的心理变化，情绪变化，甚至身体变化。比如一些孩子刚上幼儿园的时候特别容易生病。容易生病并不是因为幼儿园老师照料得不好，而是因为情绪会带来身体的不良反应。很多孩子身上都会出现，比如腹泻，发烧，或者身体不适，情绪不佳。这是非常正常的现象，也是孩子成长的必经阶段。

另外，一些孩子会有更为激烈、更为强烈、更为“病态”的情绪。其实孩子之间是有差异的，每一个孩子都有不同的反应模式。千万不要认为别的孩子怎么样，自己的孩子就应该怎么样；也不要认为自己小时候怎么样，现在的孩子就应该怎么样，这都是一些不恰当的育儿观念。

孩子适应幼儿园的时间长短也存在很大的差异。父母最需要做的是理解孩子，给予孩子鼓励、安慰和支持。送孩子的路上要鼓励，接孩子回来的路上要倾听。父母要询问孩子：“今天幼儿园里有没有什么特别好玩的事情？你认识了哪些小朋友？老师今天有没有表扬你？老师有没有肯定你做得特别好的地方？你觉得今天自己最了不起的地方在哪里？”父母要养成倾听孩子介绍幼儿园事情的习惯，要特别有耐心，要特别专注，而且一定要积极地回应孩子，在回应的过程中一定要以鼓励为主的方式。因为一些孩子特别敏感，特别希望得到父母的鼓励，尤其是妈妈的鼓励和安慰。父母的赞许就是孩子最大的幸福。父母和孩子要形成一种良性的互动方式。每天，在孩子高高兴兴地去幼儿园的路上，父母要跟孩子交谈，鼓励他，支持他。接孩子回来的时候，倾听孩子讲述幼儿园的故事，养成跟孩子沟通、交流的习惯。

当孩子从幼儿园出来以后，表现得特别娇气、特别黏妈妈时，妈妈不要大惊小怪，不要把这件事情看得太严重。孩子只是希望通过撒娇得到妈妈的爱。这种在父母看来好像有点过分的表现，其实是非常正常的依恋和合理的索求。所以，父母的心态要放平一点，要求放低一点，不要老想着教育孩子，不要老去判断孩子的行为是对还是错，不要把孩子很小的情绪状态看得很夸张，也不要总担心孩子这个样子以后怎么办。

孩子是会成长的。孩子的一些情感表达方式在其成长过程中会被自然地剥离。以后想要孩子撒娇可没那么容易。所以，父母也需要珍惜孩子对自己的这种依恋。当然，父母不要去强调这种情感，不要问孩子：在幼儿园是不是特别想妈妈，是不是感到很孤单？不在妈妈身边，是不是心里很难受？不要用这种消极的暗示方式强化孩子紧张、不安，甚至恐惧的心理。父母只需要很自然地抱他、夸他、鼓励他，用身体来表达对他的喜爱。孩子就会有安全感，他的情绪就会自然地得到释放，达到一种舒服的生活状态。孩子会觉得在妈妈身边特别开心、幸福。这对孩子的成长来说是极其有利的一件事。

问题 44

如何帮助孩子把劣势转化为优势

家长问 我听张文质老师说过这样一个观点：“看似劣势的孩子身上，也潜藏着一股独特的内驱力。如果父母能洞察这类孩子的心理，助其前行，那就能让孩子们在挣扎和努力中得到鼓励和指引，推动他们向好的方向发展。”我的儿子上小学三年级了，一直很内向，不好动，完全没有男孩应有的阳刚之气。我对此非常担忧。我想知道：父母怎么做才能洞察孩子的心理，把他的劣势转化为优势呢？

重庆市　安仕林

文质说

我认为孩子身上的某些劣势、不足或短板，也可能会转化为一种正面的进步力量，短处转化为长处，劣势转化为优势。

这位妈妈说，她的孩子上三年级了，性格很内向，不爱说话，不好动。妈妈有些着急，就问我能不能指导一下，怎么进一步把孩子的劣势转化为优势。

其实，将孩子的劣势转化为优势，最重要的前提还是在于父母接纳孩子。父母不要动不动就把孩子不够活跃、不够积极、不够开朗的表现，看成是弱点或缺点。

孩子的这些性格表现是有原因的。比如，孩了小时候是不是父母带的？有的孩子是交给保姆带的，有的孩子是交给爷爷奶奶带的。孩子可能因为在成长的过程中缺乏安全感，缺乏鼓励，或受到的约束特别多，跟小伙伴之间的交往特别少，所以，性格就慢慢地变得内向了。

当然，也有一些孩子是天生的内向型性格。那么，父母就要去接纳他，理解他，包容他。在孩子觉得很尴尬的某种处境里，父母还要学会去保护他。

孩子的性格好不好，不在于他是外向型性格还是内向型性格。只要他能够理解自己，接纳自己，能够自处，能够调节自己的情绪，能够表现出乐观、积极的为人处世态度，这就足够了。

性格好不是指哪种性格类型好，而是指积极的生活态度、人生观和自我认知。如果一个人总是能够更快、更容易调节自己，这就是性格好。另外，性格好的人在受到挫折或者打击时，会有更强的承受力、抗挫折能力，甚至有钝感力。

然后，我们把这个问题还原到具体的生活中来。父母需要用一种跟孩子的性情、价值取向和趣味相适应的相处方式。父母不能过于急切、过于焦躁地去改变孩子。不断地催促，消极地批评，对孩子的成长是不利的，甚至可能会让孩子变得更糟糕，不但不能改善孩子不足的方面，反而还会使得孩子非常厌烦，对父母有敌意，孩子的性格变得越来越糟糕。这些都是我们要思考的问题。

父母要有一种“积极地消极”的心态。所谓“积极地”，就是指父母很积极、很用心、很热切地对待孩子。那么，“消极”是指父母不强求马上去改变孩子，接纳孩子这样的状态，觉得这种状态很好，跟孩子非常愉快地相处，不用特别在意地、重点突出地去提醒和催促孩子，顺其自然，让孩子自己慢慢转化、慢慢调节。

孩子在成长过程中，也会慢慢地理解自己。有些孩子在集体场合很想说话，但是，他就是说不出来，开不了口。这个时候父母不能着急，等孩子对环境熟悉后，他就会自然而然地参与进去，就会自然而然地主动表达。父母要等待孩子成长。这种“等待”本身就是一种积极的方式。

还有一点，对于孩子一些微小的进步，父母要给予表扬。这种表扬不要太夸张。一表扬就很夸张，好像要让全世界都知道，其实是很糟糕的方式。

父母要用很自然的、聊天的、私语的方式跟孩子说：你今天的表现很不错噢；你今天的状态很好；今天你说得很对；今天你好像很喜欢这种环境；等等。这样的方式既能让孩子感受到父母的关心和肯定，又不使孩子为难。有时候过于夸张地表扬性格内向的人，会让他难以承受，觉得不表扬还好，一表扬就让他暴露于大庭广众之下。

所以，父母明白了这一点，也就明白了如何跟孩子更好地相处。当然，父母在跟老师交流的时候，不要把孩子的特点作为缺点向老师汇报，而要向老师介绍孩子的这些特点，并争取老师的理解。

比如，父母可以跟老师说："我的孩子在课堂上不是那么活跃，在私下里他也一向不太活跃。他虽然不活跃，但是他学习很专注，很善于独处，性格很沉稳，很有耐心。"这样的交流会让老师知道孩子的这些特质，理解孩子，这就好像打开了另外一扇窗，让老师换个角度去看待孩子。

所谓的转化首先是一个时间的问题，需要一个过程；其次，它是一个认知的问题，重在接纳，慢慢地让孩子用适合自己的方式去逐渐完成自我转化；最后，需要讲究某些技巧跟方法。我相信，一切皆有可能，好父母就是一所好学校。

问题 45

我的孩子是不是缺『盐』

家长问 我的儿子上幼儿园大班，在幼儿园表现得挺好的。但是，他一上幼小衔接班就表现得不好了，总是坐不住，又特别活泼，自来熟，跟同学在一起特别兴奋。我是不是给他的“奶”和“蜜”太多了，“盐”太少了？

上海市 杨媛媛

文质说

晚上我在公园里一边散步，一边想着这位妈妈向我咨询的问题。这还真是一个值得讨论的问题。

这位年轻的妈妈是通过微信向我请教家庭教育的问题。

她说她的孩子最近存在一些学习的问题，可能是因为自己带孩子，给的“奶”和“蜜”比较多。

我就问她孩子多大了。这位妈妈说，她的孩子读幼儿园大班。我又问：“到底是什么问题呢？”她说：“孩子在幼儿园里表现得挺好的，但是，一去上幼小衔接班，就表现得不太好了。”

她所说的“表现得不太好”就是指孩子总是坐不住，特别容易自来熟，跟同学在一起特别兴奋。

我一边想着这个问题，一边就在想跟有类似情况的妈妈们聊聊天。

说实在的，父母在孩子成长的过程中多少都会有一些焦虑。就像这位妈妈说的，她希望孩子上一所好的小学。而现在一些好的小学需要孩子参加入学测试，甚至还要考父母。所以，孩子上完幼儿园还要去上幼小衔接班。

我开始以为，因为孩子上完幼儿园，再上这个幼小衔接班太累了，所以，管不住自己。但这个孩子不是这样，他特别兴奋，跟人能够自来熟。当然，有些孩子还是会觉得辛苦，觉得比较累，提不起精神来。

我认为，这可能是因为孩子觉得上幼儿园是正式的班，而上培训班没有那么正式，所以，他就会特别放松、特别兴奋。

当然，这个孩子的特质就是自来熟，他喜欢跟小伙伴相处，一见到新的朋友就特别兴奋，跟人一下子就熟悉起来。这其实是一种很好的品质，说明孩子的成长过程是比较顺利的。就像这位妈妈说的，给孩子的“奶”和“蜜”都特别多，所以，孩子表现得特别开朗、乐观、热情，善于跟人相处，心里没有疙瘩，也没有其他负面的特质。这个孩子真的很活泼，性格非常阳光。

其实，换个角度来看，我们会觉得这个孩子是很可爱的。

但是可能从老师的角度来说，这个孩子在遵守纪律方面表现差，老师管不住他，所以，老师就向妈妈告状了。妈妈就觉得给孩子的“奶”跟“蜜”都太充足了，“盐”不够。怎么办呢?

真正的问题并不在这里。问题在于，这个年龄的孩子，一方面在幼儿园要养成好的学习习惯；另一方面，要学会交往和成长，包括语言能力的成长和动手能力的成长等。

在成长的过程中，孩子确实是在玩乐中成长，在游戏中成长，在交往中成长，在动手实践中成长。这个时候，父母不能因为任何的目的而让孩子过度学习，让孩子过早地陷入“学业”的焦虑里面。孩子即使上了幼小衔接班，他也没有当一回事。但是，妈妈很当一回事，老师也很当一回事。实际上，这种焦虑来自老师和父母，它会转嫁到孩子身上。也就是说，评价的内容会影响到孩子。本来自然成长的孩子，就会因此被扭曲，被挤压。

有时候，我们为了达到目的，习惯采取这种消极的评价方式，过于严苛地要求孩子，好像这样就能够达到让孩子学得更好的目的。而所谓的学得更好，其实就是学得更有效，今后孩子能够进入一所在当地比较好的小学。从表面上看父母达到目的了，也获得了某种意义上的“成功”，但是，这需要付出代价。这样可能真正地让孩子在起跑线上就有了“负资产”。

有时候，对于孩子成长过程中的各种各样的问题，我们会去分析问题产生的原因。但是，这个问题的源头并不是在问题产生那一刻，而是在问题产生之前。

父母要遵从孩子成长的普遍规律。

第一，孩子的成长总是很缓慢，父母不能操之过急，不能揠苗助长。对于孩子与别人不一样的地方，父母要去接纳他，理解他，与他多交流。

第二，在跟孩子对话的过程中，父母要用更正面的、积极的、鼓励性的交谈方式去促进孩子的成长。

第三，不能过度让孩子学习，不能过于强化孩子某一些能力的发展。实际上，让孩子有充足的玩乐、休息以及做自己想做的事情的时间，有助于孩子的成长。

孩子的成长之路还很漫长，父母不要太早地让孩子陷入苦恼和恐慌之中。

问题 46

六岁的儿子不想上幼儿园，想在家里学习，怎么办

家长问 我的儿子六岁了，个性内敛，倔强，又极有主见，爱学习，爱看书，爱思考。上学期他因为挨了老师的不当批评，以及老师在个人卫生方面的问题而不想上幼儿园。这个学期开学时，他拒绝上幼儿园。我们怎么劝说都没有用。甚至当我威胁他说不去幼儿园只能在家里坐冷板凳时，他也毫不动摇，坚持要在家里学习。我该怎么办？

广东省　李志坚

文质说

这个孩子六岁，上幼儿园大班，因为受到老师的批评，就再也不想上幼儿园了。不管父母怎么劝说，他都不上幼儿园，坚持要在家里学习。这个孩子的个性（妈妈用了“个性”这个词）内敛，特别有主见，特别倔强。孩子认为一个人在家也不要紧，就是不上幼儿园。

遇到这样的事情，父母都会特别苦恼，好像找不出方法来“对付”这个小家伙。孩子真的不想上幼儿园，哭着闹着就是不想去。这下该怎么办呢？

孩子之所以不去上幼儿园，是因为他在幼儿园受到老师的批评，觉得老师批评得不对，或者觉得老师的批评让他没面子，不能接受老师的批评。他一生气，就不去幼儿园了。

一些孩子厌学，大多出现在孩子上小学以后。这个孩子只是不愿意去上幼儿园了。虽然孩子不愿意去幼儿园的直接原因是被老师批评了，但是，问题的真正原因可能会更复杂一些。

首先，如果真像这位妈妈说的，孩子只是受到老师批评就不去幼儿园了，那么这个孩子为什么这么在意老师的批评呢？我们也需要分析一下原因。

小朋友在幼儿园偶尔被老师批评一下也是正常的，但这个小朋友如此敏感，肯定是有其他原因的。

所以，我在碰到这一类问题的时候经常会问源头在哪里。这个孩子是不是从小就跟父母生活在一起？父母在孩子很小的时候，是不是真的给够了孩子“奶”和“蜜”？是否给了孩子充分的爱与呵护，鼓励和肯定？

事实上，越是给够了“奶”和“蜜”的孩子，越能承受各种各样的批评。

有些孩子在挨批评的时候会不高兴，甚至会哭泣，但是，他很快就会忘记。

也有一些孩子，在受到批评时，会特别敏感，特别在意。其实这往往跟缺乏爱和鼓励有关系。也就是说，看上去在B处出现的问题，跟A处有着更为紧密的关系。

孩子对老师的批评非常敏感和在意，跟亲子之间的亲密度有很大的关联。亲密度低，或者说爱的匮乏，使得孩子过度敏感，甚至也可以说过度自尊，过度在意自己在别人心目中的形象。

这本来不是六岁孩子的问题，但是，在六岁孩子身上出问题了，就肯定有比较复杂的原因。

父母要先找问题的源头，多一些反省，不要急着说孩子有个性、有主见，特别倔强。父母要反思自己跟孩子的关系，先去还原这个问题，同时跟孩子探讨一下。

比如可以这样对孩子说：“老师不只是批评你，当其他小朋友做得不对时，老师也同样批评他们。老师批评你时特别严厉，批评其他小朋友时就特别温和吗？老师每次批评你时都特别严厉吗？老师批评你，是不是希望你能够表现得更好呢？”

跟孩子去做类似的分析，听听孩子的意见，看看问题的症结到底在哪里。在这个分析的过程中，父母跟孩子一起来寻找问题的真正原因。

在交谈中，父母首先要去接纳孩子的情绪，既不要认为能轻易地改变孩子，也不要感到过度恐慌，要正面地接纳孩子，并在倾听的基础上理解孩子。

当然，由于孩子还处在幼儿园阶段，父母不能让孩子独自在家里学习。孩子的人际交往和其他能力的发展需要合适的环境，比如，供孩子学习的各种学校。

如果这么小的孩子就在家里独自学习，那么孩子以后怎么办呢？

父母一定希望孩子能够回到幼儿园，能够跟老师和同学亲密地相处。

由此我想到，父母可能也需要跟老师做一下沟通。

我觉得跟老师沟通，最重要的目的是要达成某些共识，而不是简单地去批评任何一方。

有了这样一个前提之后，我们希望老师出面，跟孩子谈一谈。由于孩子现在不愿意上幼儿园了，父母可以邀请老师到家里来，由老师来劝说孩子回幼儿园。

如果可能的话，老师可以向孩子表达一下歉意，让孩子有面子，有一个台阶下。我相信孩子最终会愿意去幼儿园的。

我建议父母在遇到孩子的问题时，先不要感到恐慌，不必急着马上就去解决问题，更不要用一种简单粗暴的强硬方式，而是先听一听孩子的想法，然后更深入地跟孩子交谈，找到问题的源头。

父母跟孩子建立一种更亲密、更融洽的亲子关系，对孩子的成长一定会更有利一些。在跟孩子协商的基础上，帮孩子找到事情的当事人。有时，这个当事人可能是老师。所以，父母要努力争取让老师帮助解决这个问题。

当然，从孩子今后成长的角度来说，父母要跟孩子达到一种共识。父母要让孩子意识到，在共同学习的环境中生活和成长，才是一种更好的选择。

问题 *47*

女儿的兴趣总是变化不定，怎么办

家长问 我女儿九岁了，从幼儿园开始上各种兴趣班，美术、舞蹈、书法等。虽然这些兴趣班都是她自己选择的，但是她总是很难坚持，往往上了不到一个学期，就不想继续学习了。现在她又想学钢琴，我真的不知道是否应该支持她。如果这次又是半途而废怎么办呢？

陕西省 李旭辉

文质说

这位妈妈说，她的孩子九岁了，上过很多的兴趣班，舞蹈、绘画、书法等等，基本上都很难长期坚持学习，最多上一个学期就放弃，不想学了。不想学习肯定有各种各样的理由，但总而言之，孩子就是不想学了。

最近孩子想要学钢琴，这个妈妈开始有点为难了。学舞蹈、绘画、书法都不像学钢琴这样，需要买一台价值不菲的钢琴。所以，这个妈妈就觉得很苦恼，怎么办呢？是支持呢，还是反对呢？如果孩子的音乐天分，就因为妈妈的反对，展现不出来了，怎么办呢？如果孩子又是学一两个月，最多学一个学期就不学了，那这架钢琴怎么办？

一些孩子无论学什么都不专注，无论学什么热情都很短暂，总是容易半途而废。遇到这种情况的父母，他们都是怎么处理的呢？有一些父母会很生气，把孩子痛痛快快地斥责一阵，甚至还会动手打孩子。还有的父母，一怒之下，不让孩子上任何兴趣班。当然，这位妈妈的性情大概是比较温和的，同意孩子换了好几个兴趣班。一直到孩子要学钢琴，她才彻底为难了。听上去好像这个问题是出在孩子身上。孩子的天性不就是容易受兴趣所驱使吗？容易受别的同学或者某一些氛围所影响吗？

有时候，父母确实是拿孩子没有任何办法。父母不能将更换兴趣班的责任完全都要由孩子来承担。我很想这样问一下父母：孩子在学舞蹈之前，父母是怎么决定让他学舞蹈的？在学的过程中，父母有没有参与进来？所谓的参与进来，就是父母全心全意地陪伴孩子，耐心地支持孩子，恰当地鼓励孩子，激发孩子的学习热情。

如果孩子真的对某一方面有兴趣，那么，父母不断地支持和鼓励，可能会极大地增强孩子的兴趣，让孩子坚持下去，让孩子有乐此不疲的兴趣爱好。当然，这是一种比较美好的结果。

但是，如果孩子真的不想学了，在做出这个决定的时候，父母是轻易地就让孩子放弃呢，还是跟孩子详细地讨论一下呢？一些父母很轻易地就同意孩子放弃。孩子想学什么？想学书法。那就学书法吧！学了一段时间书法后，孩子又不想学了。这些父母又很轻易地跟孩子说，想学什么就学什么吧。实际上，父母这样的态度不利于孩子形成为自己负责的意识。因为放弃太容易了，放弃没有责任，放弃没有后果，所以，孩子就自然地容易三天打鱼，两天晒网，容易向困难屈服。

在选择学什么或上什么样的兴趣班时，大家都知道兴趣是最好的老师，但是，也别忘了另外一句话，就是所有技能的学习都是艰辛的。父母要让孩子知道，在做任何决定的时候，都要为自己的决定负责任。在做决定的这个过程里面，父母当然需要跟孩子充分地沟通和商讨，但是，最终应由孩子自己来做决定。

我孩子小时候，对画画感兴趣，就到一个老师家里去学画画，但是学着学着她就不想学了。我当时有点生气。但是，光生气不能解决问题。我就给她两个星期的时间思考。她可以不去上这两个星期的课，两个星期之后她再做决定。如果她真的不想学了，就要立字为据，申明这是她自己要放弃的。她要把这个事情写下来，然后签上自己的名字。这样做并不是徒有形式。在这个过程里，父母帮助她思考，帮助她去做决定，最后，让她意识到这是一件需要承担责任的事情。

可能很多孩子身上，都会有这样的选择犹豫症，或者说“选择病”，他们没有办法自己做决定，也不清楚自己到底喜欢什么。这不仅是一个选择兴趣班的问题，还是一个孩子在成长过程中遇到的重要问题，包含着当孩子遇到各种各样的问题的时候，他的思考方式，他的决策方式，他对自己成长的责任。说到这里，我又想到另外一个问题，它被很多人所忽视，叫选择无助。它是指孩子在做选择的过程里面，并不是那么清晰、那么明确、那么有信心地做出选择的。当然，孩子也不知道这是一种选择无助。所谓的选择，就是一个熟悉、了解、讨论，做出决定，然后不断地克服各种困难的过程。

从表面上看，好像买一架钢琴，是一件很大的事情。但是，比买钢琴更大的一件事是，当孩子做选择的时候，父母要去促进孩子充分地思考，让孩子获得自我成长的责任意识。当然，在孩子选择有困难的时候，父母可以跟孩子一起讨论，不要急着让孩子自己做出决定。要让孩子知道，在选择过程中，在学习过程中，遇到困难的时候，不要轻易地放弃。也许孩子慢慢地就会知道自己的兴趣所在。慢慢地孩子也会知道，只有付出，才会获得成长。每个人都要为自己的成长买单，每个人都要为自己的选择咬紧牙关坚持住。

问题 *48*

女儿竞选班长落选了，情绪非常低落，怎么办

家长问 我的女儿读一年级，性格比较内向，胆子小，很有想法。上学期竞选班干部时，我因为担心她竞选不上，没有鼓励她报名。但这个学期，她自己坚持要报名，而且要竞选当班长。明明觉得她不合适，可我最终还是鼓励她去参与。结果在意料之中，女儿没有竞选上。她的情绪很低落。我不知道该如何安慰她，甚至后悔不该鼓励她参加。我该怎么做才好呢?

内蒙古自治区 罗丽卿

文质说

孩子正读一年级，性格比较内向。上学期妈妈没有鼓励她竞选班长。到了这个学期，孩子自己提出来要参加班长竞选。妈妈一方面觉得她可能选不上，另一方面又鼓励她参加竞选。结果当然不出意外，孩子没有被选上。孩子回来以后情绪很低落。妈妈就问：该怎么鼓励孩子呢？是不是不该支持孩子去参加班长竞选？

几乎所有的孩子都想当班干部，都想为班级做一些事情，都想在班里面找到自己的存在感。这是孩子在成长过程中的一个非常正面的想法。人往往在能够承担责任，能够表现出自己能力的时候，才会获得成就感和自信心。

我想首先应该肯定这位妈妈对孩子的鼓励。当然，就这件事情而言，妈妈还可以跟孩子多做一些交流。比如可以问问她："这次是怎么竞选的？你觉得选上的同学跟你之间有什么不同呢？为什么大家投其他同学的票多，而投你的票少呢？"父母要让孩子明白："不是谁想当班长就能当上班长，你需要获得同学的认同。比如，你有什么特长啊？你能够为大家做些什么呀？作为班长，你能承担哪些责任啊？"

当然，这还有非常重要的一点，那就是性格方面。孩子的性格比较内向，父母要接纳她的内向，不要认为性格内向的孩子就不能当班长。内向并不等于孩子就没有表现力，也不等于孩子不善言辞，不善于跟别人交流。如果一个人，他真的愿意做一些事情，就会把自己的长处充分地发挥出来。父母要去接纳孩子，鼓励孩子，帮孩子分析不足的地方并做出改变。今年没有被选上，不代表孩子就彻底地被同学否定了，并不等于再也没有机会了。

我孩子读小学的时候也曾经遇到过这样的情形。当然，她在班上表现得不错，是班上的中队长。五年级的时候她被班上推荐参加学校的大队委竞选。虽然她的票数不低，但是最后因为种种原因没有被选上，她有点沮丧。我跟她说："你是被班上的同学推选出来参加这次竞选的。这首先说明你在班上得到了认可。然后，你在学校的竞选中票数也不低，得到了更多同学的认可。这些都证明了你的能力和你的价值，所以你不需要沮丧。"

到了六年级的时候，她又被推荐参加学校的大队委竞选。这个时候，她就有点犹豫了。是去呢，还是不去呢？最后我还是鼓励她去。当然，她认为自己不会被选上。我就不详细说具体的原因了。最后的结果就像她所想的那样。我把此事形容为高票落选。这下她就有点难过了。

这个时候我给她分析了一下："有时候因为种种原因，你不一定能得到公正的待遇。但是你也不要把这个事情看得太严重。这是你在成长过程中需要经历和面对的。经历和面对这件事情本身就是一笔财富。你的成长就是这种生命的成长，能力的成长，自信心的成长。得到了成长就是一种极大的快乐。至于没有被选上，并不影响同学们对你的看法，也不影响你对自我的认同。实际上，你还可以做得更好。如果有机会，我还会支持你参加班级或者学校的竞选活动。”慢慢地孩子也就释怀了。

父母看到孩子沮丧时也不要太焦虑，尤其是不要加重孩子的焦虑。如果父母想正面地去鼓励孩子，就先要积极地思考这个问题，克服自己身上的一些消极情绪。只有父母改变了，孩子才能得到改变。父母要想着该怎么样去推动孩子，帮助孩子调节情绪。如果暂时调节不过来，也不要太在意，消极的情绪还是会被消除的。生活仍在继续，学习仍在进行，人生本来就是一条漫长的路。孩子学会释怀后，心情就会变得轻松，也会进一步地去思考自己的人生。

问题 *49*

鼓励太多，孩子会不会骄傲

家长问 张文质老师说，要把每个孩子都当成天鹅一样去鼓励。我就担心，经常鼓励、表扬孩子会不会让孩子骄傲或产生不适当的自我评价呢？要怎么鼓励才是最适度的？

山西省 梁文娟

文质说

我在讲课的时候，也经常会遇到这种问题。我的观点是要求父母“把自己的孩子当成一只天鹅，而不是一只丑小鸭”给予赞赏和肯定。但是，大部分的父母听到这个观点时，总是心有疑虑。他们疑虑什么呢？会不会鼓励孩子太多了？鼓励太多了，孩子会不会翘尾巴？鼓励多了，会不会适得其反？

但其实，父母对孩子的鼓励真的多吗？父母多长时间鼓励孩子一次呢？还是说孩子每做一件事情，父母都能够诚恳地鼓励呢？孩子参加各种各样的体育活动、文艺活动等其他活动时，父母都在场吗？父母每次都很专注地看孩子比赛或者表演吗？无论孩子比赛的成绩怎么样，父母都能肯定他、支持他和鼓励他吗？父母做到这些了吗？这可能是一个问题。

孩子渴望从父母这里获得肯定、接纳、赞赏，这是孩子的天性。可能我们对孩子的鼓励不是多了，而是不够。说不够，其实不在于鼓励的次数，而在于鼓励是否真诚。父母参与到孩子的生活中，对孩子的表现由衷地、恰如其分地加以赞赏。孩子在成长过程中，会有这样或那样的不足，不如意或者不成功。无论孩子是什么样的表现，父母都应该更看重他的投入，他的参与，他顽强拼搏的精神。这一切的肯定对孩子而言都是极为重要的支持。在我看来，只要出自真诚，出自真心，出自真实，父母对孩子的鼓励总是越多越好。因为这个鼓励本身不完全是针对孩子的某些表现，而是更强调对孩子整体生命状态的评价。这样积极的评价不正是孩子所期待的吗？

这是就鼓励本身而言。但是父母对孩子的教育不能只有鼓励这一种方式，还要有其他的教育方式。教育孩子以鼓励为主，但不等于我们作为父母，就不能批评教育孩子。父母先要把这个问题厘清。教育孩子有多种手段，就像工具箱里面，都备有好几套工具，根据不同的情况用不同的工具，这就是作为父母的智慧。

当然，在孩子成长的过程中，鼓励为什么重要？因为鼓励会刺激孩子积极向上。就像欧洲的著名学者本雅明所说的，在孩子的少年时代，父母和老师都需要用比较夸张的方式去肯定孩子，这样的肯定是有效果的。因为这样的肯定会让孩子兴奋，让他感到自豪，渴望更好的表现。在父母跟孩子互动的过程中，在父母对孩子的成长关注过程中，只有父母参与到孩子的成长，父母的鼓励才具有针对性，才是有实效的，才是及时的。

鼓励本身就有一种转化的功能。这种转化的功能是指孩子虽然有些不足，但是父母可以通过鼓励的方式，先肯定孩子的状态，肯定孩子的投入，同时诚恳地指出孩子的不足，这样就会激发孩子自我的改进和自我的提升。同时，对任何一个孩子而言，鼓励本身就是一个非常重要的价值导向，让孩子明白：父母期待的是什么？最重要的价值在哪里？未来的方向在哪里？这样的鼓励，就达到了效果，家庭也因此形成了一种良好的氛围。

当然，我们还要分清楚，鼓励跟溺爱完全不是一回事。我们不能把溺爱，不能把无原则的表扬，不能把放任孩子的所有言行，都看成是一种鼓励。所以经常有人问：鼓励会不会导致孩子任性、自大啊？其实，如果真的遇到这种情况，父母要反省一下："我到底是怎么鼓励孩子的？我对孩子的鼓励有针对性吗？我对孩子的鼓励出自真诚吗？我对孩子的鼓励是负责任的吗？"如果不是这样的话，就可能是某种溺爱和纵容。孩子都是很聪明的，他听得出来，他知道父母是怎么回事，他也知道老师是怎么回事。父母要相信孩子有这种判断力。所以，父母就需要用更谨慎的方式去对待孩子，去评价孩子，去激发孩子。想要做到这些，父母需要智慧。

问题 50

男孩喜欢模仿女孩，怎么办

家长问 我儿子九岁。我先生是一名军人，平时很忙，偶尔才能回家一次。我是全职妈妈，平时负责照顾孩子，接送孩子。有一次，我和先生正吵架，孩子突然推开门进了我们的卧室。我很生气，暴跳如雷，对着孩子吼了一句："给我滚出去！"此后，我发现儿子越来越乖，说话、走路都有点像女孩，在同学面前，也喜欢装女孩子说话，比兰花指。但是，他和同桌女孩还是有明显的"三八线"，毫不退让，经常弄哭那个女孩。我越来越搞不懂他到底是怎样的一种状态。

四川省　林峰

文质说

男孩长到九岁，恰好是对性别特别敏感的年纪。这种敏感往往表现为强烈的性别意识。什么属于男孩，什么属于女孩，他们分得一清二楚。就像他和女同桌的“三八线”，“三八线”两边的“领桌”，甚至“领桌”上的“领空”，都是不可侵犯的。在小学阶段，男女同桌因为“越界”而产生的冲突时有发生。这一类问题属于校园里的常态冲突，通过常规的班级活动就可以解决。

奇怪的是，在“领桌”界线（我们也可以把它看成是男女意识的界线）上相当“严格”的男孩，却在生活中表现出了极为矛盾的一面——模仿女生说话、走路。我们也许可以把他的这种行为理解成逃避惩罚的一种手段，或者哗众取宠的一种方式。但我们需要分析：是什么原因诱发并强化了他的这些行为？

孩子的爸爸是一名军人，平时很忙，偶尔才能回家一次。这是否意味着从孩子出生到现在，爸爸都是经常缺席的？对于一个男孩的成长来说，父亲的角色极为重要，父亲能直接影响孩子自我意识的发展。换句话说，父亲的存在与否，直接影响男孩身上是否具备男子汉气概。

有人会说，迫于现实生活的压力，或者是因为工作性质特殊，有些父亲不可能每天都回家陪伴孩子。

事实上，我们可以把父亲的陪伴分成两种情况，一种是身体的陪伴，一种是声音和情感的陪伴。两种“陪伴”的目的都是为了让孩子在内心里感受到父亲的存在。也就是说，即便父亲不在孩子身边，也可以通过书信、电话、网络视频等方式跟孩子沟通、交流，跟孩子讲故事，向孩子描述自己的生活，给孩子一些建议。

我还要给这位妈妈几条建议：第一，不要把生活上的焦虑之火撒在孩子身上，减少“暴跳如雷”的次数。许多家长以“我都是为你好”之名粗暴地对待孩子。但是粗暴永远不可能产生爱。母亲越强势，男孩越懦弱。第二，要接受男孩在这个时期的“调皮”“不听话”，不应该给孩子一种不喜欢调皮的男孩，喜欢更听话、更乖巧的女孩这一类的暗示。这样的暗示容易让男孩在性别意识上出现混乱，甚至扭曲。男孩有男孩的成长方式，母亲要帮助男孩成长为男孩。第三，因为孩子的父亲经常不在家，妈妈更要有意识地培养孩子的男子汉气概。培养男子汉气概首先要把男孩当作男孩，从培养他的责任意识做起，比如承担一些家务等等。

最后，送给所有的父母一条共同的建议：要尽一切可能让孩子跟自己生活在一起。正常的家庭生活有助于培养正常的孩子。

问题 51

我的儿子为什么会有攻击性言行

家长问 在我看来，我的儿子是一个很听话的孩子，他兴趣很广泛，报了很多兴趣班，但是都只能坚持半年，没能善始善终。这段时间孩子总看《今日说法》，他一看到别人犯法，就表现出极为厌恶的情绪，并说一些像“这个人真坏，我真想拿刀捅死他”“有个老师对我凶，我要拿刀去学校”等非常过激的言语。有一次他还画了一幅手被砍断的画，真是把我吓坏了。我向老师了解孩子在学校的情况。老师说儿子在学校不善于交往，是一个比较冷漠、话不多、不合群的孩子。我很纳闷：问题究竟出在哪儿?

河南省　雷政涛

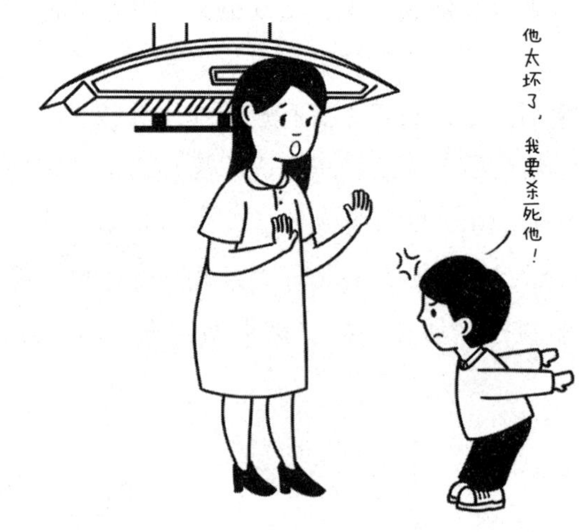

文质说

电影、电视节目不分级是社会的一个大问题。像《今日说法》这样的节目，虽然可以帮助人们去理解法律、理解社会规范，但不适合孩子看。节目中一些暴力的情节，对孩子的负面影响不可低估。可能孩子从节目里面学到的并不是父母们想象的“正面的教育”，而是以暴制暴的生存法则和所谓的“正义”。

在没有实行电视节目分级的情况下，父母一定要有意识地给孩子分级，不要简单地认为只要有教育意义的节目，就可以给孩子看。

有一部很火的电影叫《西游降魔篇》，很多父母以为跟《西游记》有关，就带孩子去看，结果很多孩子被吓哭了。因为这部电影完全不适合儿童看，画面血腥、暴力、恐怖。一些父母在选择电影、电视节目问题上，显得经验不足。大多数父母认为只要好看，有教育意义（从成人的视角来看）的节目，就可以给孩子看，缺乏保护孩子、引导孩子、限制孩子的意识。

现在我们再来谈谈这位妈妈的困惑。孩子画了一幅手被砍断的画。从儿童心理学的角度来看，这是一种合理的自我情绪宣泄。妈妈需要承认孩子的坏情绪，然后再寻找适合的方式帮助孩子疏导内心压抑的情绪（孩子画画就是一种自我疏导）。

这位妈妈在感觉到孩子有问题之后，才向老师打听孩子在学校的情况，说明她平时缺乏关心孩子学校生活的意识。父母千万不要以为把孩子送到学校就万事大吉了。不要以为孩子上学之后，他健康成长的责任就全权交给学校了。因为现在很多学校都是学生众多，采用大班式教学，每位老师每天都有非常多的繁杂事务，很难关注到所有的学生。

除此之外，父母也要关心孩子在学校的学习生活、同伴交往、教师的评价等等。因为孩子在学校的学习、生活状态，会影响其心灵的成长。孩子被边缘化，心里失落、无助，对同学和老师会产生敌意。父母了解这个情况以后，首先要跟老师进行沟通，了解孩子在学校的状态，然后要跟老师共同研究如何帮助孩子走出困境。当孩子在学校里出现问题时，父母不能简单地批评孩子（都是孩子的错），或附和孩子（都是别人的错）。

我建议父母们要养成打听孩子在学校生活状况的习惯，做到每日三问：今天在学校里过得怎么样啊？有什么特别快乐的事情吗？有什么需要爸爸妈妈帮助的吗？尤其是面对低年级的孩子时，“每日三问”应该成为父母自觉形成的意识。

问题 52

我的儿子得了『多动症』，怎么办

家长问　我儿子今年六岁了，上幼儿园大班。他特别好动，坐不住，上课的时间也会在班里转圈或跑出教室外溜达，午休时间也睡不着，喜欢在床与床之间来回跳。老师拉不住他，劝不了他，管不住他，只好劝我儿子退学！儿子已经换了两所幼儿园。老师都反映儿子很聪明，反应快。他在家也喜欢跑来跑去，总是精力过度旺盛。有时我们会打他，也会给他讲道理，可就是改变不了他多动的症状。怎么办？

山东省　贾康康

文质说

所谓的“多动症”，实际上要分成好几种类型。有的孩子天性比较活泼，再加上父母管束比较少，这类孩子顺着天性成长，就会表现出比别的孩子更活跃、更不安分的状态。有的父母、老师会把这类孩子称作“多动儿”。这其实是不恰当的。

另外一些孩子的“多动症”，完全属于病理性多动症，是真正意义上的多动症。面对这样的孩子，父母靠简单的批评教育，无法改善他们多动的行为。

现在，我们讨论的是非病理性“多动症”。

造成孩子多动的原因有很多种。可能是因为父母管束过严，对孩子的要求过于苛刻，造成孩子内心逆反，所以，孩子就显得不可控，容易烦躁，容易有一些反常行为。这个时候，父母往往容易慌神，不知道该怎么做。

每个孩子都期待父母、老师的鼓励与肯定。如果孩子在成长的过程中总是缺少鼓励与肯定，他就会感到很困惑：“为什么不管自己怎么做，父母都不喜欢？为什么不管自己怎么做，老师都不喜欢？”这些孩子还没有成熟的理性判断，又无比渴望获得关注，于是选择用捣乱的方式，选择令父母和老师都反感、厌恶的行为。

这些孩子表面上看像是坚定的、顽固不化的捣乱分子，但事实上，他们的内心很惶恐，总是无法确认自己做的事是对的还是错的。他们只是为了获得关注才那样去做的。

由此可见，诚恳地鼓励孩子，安慰孩子，保护孩子，应当成为父母的首要责任。同时，父母还需要有耐心，对孩子的帮助和鼓励，都不能指望立即生效。或者说，其实它已经开始生效了，但是在效果还没有那么明显的时候，有的父母很可能就已经放弃了。父母对孩子的帮助和引导，即便已经有了效果，也不能保证孩子获得稳定的改变。因为孩子身上的行为问题，一直都会反反复复出现。很多时候，这些行为问题一出现反复，父母就会认为，自己对孩子的调教失败了。但是实际上，这种反复是人性的常态。

有些孩子比较好动，不能安静地做作业，做的作业也很差。有的父母忍不住就会打骂孩子。打骂完以后，孩子一般会安静几天，然后变得更糟。这个时候，一些父母往往会认为打骂得不够，所以，打骂变本加厉。曾经有一位妈妈对我说，她一方面觉得孩子很可怜；另一方面，一见到孩子写作业的样子，就觉得孩子很可气。最后，一个小小的家庭作业，闹得整个家庭鸡犬不宁。

想要解决这个问题，父母首先要陪伴、鼓励、帮助孩子，花更多的时间与孩子在一起，这样才会让孩子有足够的安全感。父母应多鼓励孩子去做自己，做更好的自己（这种鼓励本身也是一种成长的引导），而不是只在孩子成功地完成某件事后才给予鼓励。

同时，父母也需要意识到，对于每一个孩子而言，他遭遇的困难，就是具体的、实在的困难，哪怕这样的困难在其他的孩子身上完全算不上困难。每一个孩子，都是一个与其他孩子有差别的生命个体，父母要按照孩子的身心发展情况去教育、引导、帮助他。这样，孩子才会在内心里认可父母是真正可以依靠，值得信赖，随时给予自己支持的人。如此，孩子就会内心笃定，逐渐走到成长的正道上来。

对于这个妈妈提出的具体问题，我给她的建议是：不要过度焦虑，也不要频繁地给孩子转学，要多跟老师沟通，让老师能够接纳这个跟别人有点不一样的孩子。因为在当前大班教学的情形下，老师要面对很多孩子，有时无法关注到每一个孩子。如果孩子确实特别不适应班级的学习，并且在得到允许的情况下，父母可以到孩子的班上去陪伴他，协助孩子调整自己的行为。当孩子出现问题时，父母要努力帮孩子进行自我调整，而不是轻易地放弃和轻易地转学。转学并不能改变孩子心理发展方面的不足，很可能还会使孩子对转学产生依赖。孩子可能会认为，自己的不当行为主要是由学校造成的，责任不在于自己。这将给孩子的成长带来更大的问题。

问题 *53*

孩子不喜欢争强好胜，遇事就退缩，怎么办

家长问 我的儿子读小学六年级，马上就要小升初了。但是他的状态越来越不好，没有一种积极的应考状态。他从小就是这样，不喜欢争强好胜，遇事就退缩。我该如何引导他呢？

湖南省 余兵

文质说

这位妈妈说自己的孩子不喜欢争强好胜，遇到事情总习惯往后缩。很显然，这位妈妈对孩子的表现不太满意。我不清楚孩子为什么会有这样的行为方式。当然，我们首先要承认，孩子与孩子之间必然会有一些差异。有一些孩子天生就比较爱表现，特别自信，无论什么场合，都喜欢站出来。也有天性害羞、内向的孩子。所以从这个意义上说，我们就需要对孩子的差异性给予足够的尊重。

如果孩子不喜欢争强好胜，不喜欢出人头地，我们尊重孩子就好了，不要经常为这种事情批评孩子，尤其不应该在他人面前指责孩子，不应该在他人面前数落、挑剔孩子或者把自己的孩子跟别的孩子做比较。否则，孩子会很恼怒，心里就会积攒下对父母的怨恨，也会对自己感到特别失望。当孩子再退缩的时候，他心里会产生羞愧感以及对自己的自责。这对孩子的健康成长是不利的，也会夺走孩子童年的快乐，让孩子变得无所适从。所以，父母不要过早地对孩子做判断，尤其不要在跟别的孩子做比较之后，就认为自己的孩子有种种的不是或者不足。

有时候即使父母看到孩子表现欠缺的地方，聪明的父母也应该视而不见，听而不闻，不要急着就把孩子往前推。因为有时候孩子是不愿意被推着向前的。父母推他，反而让他很不自在，让他的内心充满焦躁与不安。所以，父母要学会保护孩子的天性，这是父母的责任所在。

接着，我们也要分析一下：孩子除了天性如此之外，还有没有别的原因？是不是受了后天家庭文化的影响？比如，这个孩子的父母有没有这个问题？当然，这个问题是母亲提出来的，可能母亲自身没有这样的问题。那么，孩子的父亲有没有这个问题？父亲是不是一遇到事情就爱退缩呢？说得好听，这是比较低调，说得不好听，父亲在这一方面是不是也缺乏自信心？因为父母对孩子的影响是潜移默化的，是潜滋暗长的。父母只要跟孩子生活在一起，就一直会对孩子产生影响。父母对孩子有一种持续不断的、日积月累的影响。说到底，改变孩子还是要先从父母的改变开始。父母在孩子面前要有意识地调整自己的精神状态，提高做事的主动性，培养自己在关键时刻敢于担当的责任意识。

另外，在一些家庭里，妈妈比较强势，爸爸相对比较弱势。在孩子面前，母亲表现出来的这种强势会对孩子的性格产生不利的影响。也就是说，强势的母亲往往会培养出一个懦弱的儿子，或者强势的母亲会培养出跟她同样强势的女儿，这是常见的一种情况。所以，当孩子存在某些不足的时候，父母要反观自身，要深思：问题是不是出在自己的身上？

性格跟孩子的成长经历也有很大的关系。孩子很可能从小缺少爱，缺少鼓励，尤其缺少父母的陪伴。虽然孩子跟父母住在一起，但亲子之间相处的时间太少。在孩子遇到一些小的挫折，或者跟小朋友闹矛盾，产生不愉快或冲突的时候，父母很少帮他排解，没有让他感受到强大的支持，等等。这些都会对孩子的性格产生一些不利的影响。也可以这么说，缺少父母的陪伴和强有力的支持，孩子会出现性格问题。

当孩子在学业或行为方面遇到一些小的挫折，出现一些小麻烦、小偏差或者小的不足的时候，父母过于严厉地指责，对孩子要求过高，总喜欢跟别人家的孩子做比较，对孩子的性格成长也是不利的。只有父母做对了，那才是真爱孩子。如果父母做得不对，那么孩子很可能就有麻烦，对孩子的爱里面就带着毒了。所以，孩子的改变，还是要先从父母的改变开始。同时，父母也要明白：孩子不可能一下子就能改变。父母需要有耐心，慢慢地鼓励、慢慢地支持孩子。这样，孩子就会自信起来。

本书推荐

听了张文质老师的答疑后，我在面对孩子的问题时，内心坦然了很多，感觉自己不再孤单，不再摸着石头过河。做最好的自己，给孩子树立好的榜样，就是对孩子最好的教育。张老师的答疑是治愈妈妈们焦虑和不安的良药。

（陈　瑶）

我听了张老师的答疑后，如醍醐灌顶，我的困惑被逐渐剥离。理性、宽容，对孩子少一些责骂，尽可能多地给予正面引导，才是我们做父母该有的正确姿态。谢谢张老师真诚的教诲！

（龙艳妮）

张老师的答疑，让我和孩子爸爸豁然开朗！张老师说得很对，作为父母，我们要对孩子进行正面的引导。家庭要成为孩子的绿洲，父母要成为孩子的依靠，要从发展的角度看待孩子的各种状况。所以，父母需要不断学习，跟着孩子一起成长！

（龚　维）

在教育孩子的过程中能有这样一位老师，帮家长纠正一些错误的教育方式，让家长少走一些弯路，这是家长与孩子的福气。听了张老师的答疑后，我明白了：兴趣既是最好的老师，又不能完全以兴趣为导向，仅仅停留在表现出强烈情感的领域。对一个儿童而言，这种学习又必须伴随艰辛、重复、枯燥、劳累等。我也要引导孩子明白这个道理。再次感恩张老师！

（李　超）

听了张文质老师的答疑后，我意识到孩子出现厌学，确实与家庭文化氛围差和孩子心理负担太重有关系。我努力尝试营造轻松快乐的学习和生活氛围，陪伴孩子调整学习状态，做到有效沟通，和孩子共同进步。感谢张文质老师的分享和解答。

（李亮娟）

张老师的答疑，让我厘清了很多的想法和观点。对于孩子上兴趣班的问题，我开始尝试着这样鼓励孩子："宝贝，只要你能够坚持，能够安排好时间，妈妈就会支持你的选择。"

（苏　洁）

张老师的答疑让我明白：孩子是叫爸爸妈妈还是叫某哥某姐并不那么重要。重要的是，家长通过亲力亲为真正实现了家庭的民主。

（尹红艳）

听了张老师的答疑后，我顿时豁然开朗。我意识到：想引导孩子学习，父母首先要能以身作则去营造家庭的读书氛围，并主动与孩子沟通，正确地引导孩子。

（李志坚）

我的孩子总是能自觉地完成老师布置的作业和任务，却对父母交代的事情爱理不理。听了张文质老师对这个问题的分析后，我感触很深，开始反省：父母不恰当的言行导致了孩子对父母的抵触心理。

（刁建开）

张老师的答疑让我受益匪浅。孩子之所以"依赖"妈妈，是因为妈妈给予了孩子足够和充分的爱。这是孩子的一种正常心理需求，是对妈妈"爱的依赖"。我觉得爸爸也要多带孩子出去活动，这样孩子才不会过多依赖某一个人。

（龙小梅）